FACULTÉ DE DROIT DE PARIS

LE VAGABONDAGE

ET LES

Moyens pratiques d'y Remédier

THÈSE DE DOCTORAT

SOUTENUE LE JEUDI 27 OCTOBRE 1898, A 10 HEURES

PAR

MAURICE HÉLITAS

Président...... M. BERTHÉLÉMY, professeur.
Suffragants...} M. LAINÉ, professeur.
M. LE POITTEVIN, professeur.

LIMOGES

Imprimerie du « Courrier du Centre », 18, rue Turgot

—

1898

LE VAGABONDAGE

ET LES

Moyens pratiques d'y Remédier

THÈSE DE DOCTORAT

SOUTENUE LE JEUDI 27 OCTOBRE 1898, A 10 HEURES

PAR

MAURICE HÉLITAS

Président......	M. BERTHÉLÉMY, *professeur.*
Suffragants... {	M. LAINÉ, *professeur.*
	M. LE POITTEVIN, *professeur.*

LIMOGES

Imprimerie du « Courrier du Centre », 18, rue Turgot

1898

———

INTRODUCTION

En abordant l'étude du vagabondage, cette plaie
sociale qui, dans ces derniers temps, a pris dans
notre pays une extension particulièrement inquiétante, nous n'avons pas eu la prétention de découvrir
le remède à ce mal dix fois séculaire que toutes les
mesures législatives et administratives appliquées
jusqu'à ce jour n'ont pu réussir à extirper.

Fréquemment appelé à rechercher dans notre
sphère d'action les moyens pratiques d'y remédier,
en rapports constants avec les représentants des populations qui réclament protection, et avec les chefs
de service qui ont mission de l'assurer, nous avons
acquis la conviction qu'à force de remuer et de retour-
ner la question dans tous les sens, de l'envisager sous
toutes ses faces, on reconnaîtra qu'elle est comme
tant d'autres qui, longtemps regardées comme inso-
lubles, furent pourtant successivement résolues par
la marche incessante de l'esprit humain.

Il nous a paru intéressant de rechercher les moyens employés dans le passé et les causes de leur insuccès avant d'examiner ceux proposés par les hommes éminents qui se préoccupent actuellement de la solution de ce grave problème.

Le nombre sans cesse grandissant des vagabonds démontre surabondamment l'insuffisance des moyens qui nous sont offerts par notre législation pénale.

Amenés à réclamer plus de sévérité dans la répression, nous rechercherons d'un autre côté les dispositions préventives à prendre vis-à-vis des indigents valides et qui justifieront cette pénalité. Pour compléter la question, il serait utile de traiter des mesures à prendre vis-à-vis des invalides et vis-à-vis de l'enfance malheureuse ou abandonnée. Ces deux points de notre législation ne sont point en retard sur les autres nations. Ils n'ont pas trait directement à l'assistance par le travail que nous nous proposons de traiter particulièrement. Nous ne ferons que les signaler en passant.

La revue sommaire des différents essais de moyens préventifs qui aboutissent tous à l'assistance par le travail nous portera à constater : 1° Que les dispositions prises à l'égard des vagabonds sont insuffisantes ; 2° Que pour les mesures administratives de prévention nous sommes distancés par l'étranger.

Pour ces diverses causes nous serons conduits à demander la modification de la loi pénale, et à réclamer l'organisation générale de l'assistance par le travail.

§ I — Le vagabondage et ses dangers

Le vagabondage, d'après la définition donnée par l'art. 270 du Code pénal, est l'état des individus sans domicile certain ni moyens d'existence et qui n'exercent, habituellement, aucun métier, aucune profession.

Il y a des vagabonds de plusieurs sortes ; les plus dangereux sont les mendiants professionnels ; nous entendons par là ceux qui se livrent à l'habitude d'errer sans autre but que d'obtenir par la mendicité ou tout autre procédé encore plus répréhensible, les choses nécessaires aux besoins de la vie. Véritables parasites de la société, ils consomment sans produire, laissant au milieu du labeur social leurs bras volontairement inutiles.

Il est évident que la situation de l'homme qui n'a ni moyens d'existence, ni domicile, ni profession, est un péril imminent et certain. La société impose à chacun de ses membres des obligations qu'ils sont tenus de remplir. Or, une des premières est la loi du travail pour tous ceux qui peuvent en supporter le poids.

Ainsi, soit au point de vue de l'ordre, soit au point de vue de la morale, le législateur a eu le droit d'incriminer le vagabondage et de le qualifier délit.

Laissons pour l'instant la question du délit et les objections qu'elle provoque au point de vue de la justice pure et du droit individuel. Nous nous bornons,

quant à présent, à constater, ce qui ne saurait pas
plus faire doute pour les philosophes théoriciens que
pour les jurisconsultes, le côté immoral et dangereux
du vagabondage.

Il y a plusieurs catégories de vagabonds.

D'après M. Regnard (1) il est une classe de vagabonds que l'on n'arrivera jamais à faire disparaître.

« Ce sont les malheureux qu'une mauvaise confor
mation cérébrale ordinairement héréditaire condamne
dans les siècles des siècles au supplice du juif errant.
De même qu'il y a des criminels par nécessité, il y a
des mendiants par prédestination, des êtres qui, incapables de se plier aux exigences de la vie en commun, semblent échapper à la définition d'Aristote
ανθρωπος φυσει πολιτικον ζωον et n'ont rien du caractère
de l'homme en tant qu'animal social. » Ceux-là
n'assassinent pas, ne volent pas, en général ; seulement ils ne comprendront jamais que la société ait
des droits sur eux et ils voudront toujours vivre aux
dépens de la communauté.

« Pour eux comme pour tous les criminels et les
aliénés, pour tous ceux qui n'ont pas « la grâce », il
y aura des manicômes, des maisons de refuge, non
pour les amender, ce qui serait sans objet, mais afin
de les isoler d'une société pour laquelle ils ne sont
pas faits et à laquelle ils ne peuvent être que nuisibles. »

(1) Rapport au Congrès d'Assistance 1889.

Nuisibles, il est vrai, et de plus d'une façon, car les vagabonds, quels qu'ils soient, sont toujours dangereux.

En effet, des savants prétendent démontrer, s'appuyant sur des faits nombreux, que la vie nomade développe chez l'individu l'esprit de rapine et le porte au brigandage. En Amérique aussi bien qu'en Afrique, les tribus errantes des peuples sauvages sans toit et sans patrie se montrent généralement disposées à attaquer plus faible qu'elles pour s'emparer de ses biens. Les Touaregs du Sahara, comme les Indiens des Etats-Unis, jouissent sous ce rapport d'une triste célébrité. Il existe dans les solitudes du Brésil des bandes d'origine européenne qui pour être moins sauvages n'en sont pas moins à craindre.

Les mêmes faits se produisent chez les peuples civilisés, nous le constatons en France comme ailleurs.

Nous verrons dans l'aperçu historique à quels actes de banditisme se livrèrent, au moyen âge, les anciens soldats licenciés qui formèrent les bandes d'aventuriers s'en allant par villes et campagnes rançonner bourgeois et paysans.

Il est permis de croire que bon nombre de ces reîtres, avant d'être complètement démoralisés par une vie errante, toute de rapine et de brigandage, auraient pu devenir de bons pères de famille, faire souches d'honnêtes gens, si on leur avait procuré les moyens de se créer des ressources par un travail honorable quand ils furent privés de leurs moyens d'existence. Ceux-là rentrent dans la catégorie des vagabonds par accident.

De nos jours, il arrive souvent qu'à la suite de chômage de l'usine ou du chantier, l'ouvrier, privé de travail, est obligé d'aller en chercher de ville en ville. Il le fait d'abord consciencieusement, puis, à la longue, il contracte l'habitude de ces déplacements, de ces courses à travers les champs; il est séduit par le grand air et la liberté si différente de la discipline de l'atelier.

Au bout de quelques temps, corrompu par des compagnons de route habitués au vagabondage et à la mendicité, il tend la main d'abord avec une certaine honte et finit par trouver que cette honte est bien peu de chose comparée au dur travail de l'ouvrier honnête. Il devient alors vagabond incorrigible, mendiant déterminé, quand il n'arrive pas, de chute en chute, à demander au vol et parfois à l'assassinat les ressources nécessaires à la satisfaction de ses besoins et de ses vices. Le nombre de ces vagabonds s'est accru, pendant ces dernières années, dans de telles proportions que, de tous les coins de la France, des plaintes ont été adressées aux pouvoirs publics.

C'est que ces vagabonds constituent un danger d'autant plus menaçant qu'ils sont plus nombreux. L'accroissement graduel de leur population est, depuis quelques années, si rapide qu'il est bien de nature à attirer l'attention de tous les hommes réfléchis.

Au Congrès du patronage des libérés tenu à Lyon

en 1894 (1), on a fait connaître que, de 1866 à 1890, il y a eu une moyenne de 51.404 individus condamnés pour vagabondage alors qu'il n'y en eut que 22.011 de 1861 à 1865.

L'augmentation est de 120 0/0 en matière de mendicité, et de 139 0/0 en matière de vagabondage. La récidive s'est accrue de 57 0/0 de 1861 à 1865, de 76 0/0 de 1887 à 1889.

Le nombre des individus traduits chaque année pour vagabondage et mendicité à l'exclusion de tout autre délit, dépasse 50.000. Ajoutons qu'un grand nombre de délinquants poursuivis en même temps pour vols, ne figurent dans les comptes de la statistique criminelle que sous la rubrique de ce dernier délit, et ne perdons pas de vue que dans les départements où il n'y a pas de dépôt, les mendiants invalides sont tolérés et que la mendicité des valides n'est punissable que si elle est habituelle.

Il y a cependant parmi les professionnels endurcis qui reparaissent périodiquement devant les tribunaux des individus inoffensifs, tel ce poète vagabond, récemment condamné par le tribunal correctionnel de Lachâtre et dont l'interrogatoire a été reproduit par toute la presse.

— Votre nom ? lui demande le président.

— Onésime Roge, c'est ainsi qu'on me nomme.

— Votre âge ?

(1) Rapport de M. Dreyfus, au Congrès du Patronage de Libérés.

—· « Voilà bien cinquante ans que je suis honnête homme. »

— Votre domicile ?

— « Aime chanter, prier, croire, espérer en Dieu. »

— Vous avez mendié ?

— « J'avais faim, magistrat, aucune loi du monde
» Ne saurait m'arrêter quand mon estomac gronde. »

— Vous êtes un homme instruit, pourquoi n'écri-vez-vous pas comme vous parlez ?

— Hélas ! les éditeurs sont de terribles gens
Qui se montrent pour nous assez peu complaisants.
« Quand vous serez célèbres, ont-ils dit, mon cher
[maître
» Nous nous occuperons de vous faire connaître. »

Condamné à 24 heures de prison, Onésime Roge, vraiment intarrissable, remercia ses juges :

— « Oh ! magistrat merci, ton arrêt me sourit
» Car pendant un grand jour je vais être nourri. »

Les vagabonds de cette nature sont des exceptions pour lesquels peut être réservé un traitement excep-tionnel.

Mais ce ne sont pas seulement les vagabonds vo-leurs et assassins qui constituent un danger pour la société, ceux-là même que l'on considère comme inof-fensifs, n'en demeurent pas moins, en dehors de leur situation immorale de parasites sociaux, un danger pour la salubrité publique.

On a constaté au commencement de l'année 1893 que des vagabonds venant on ne sait d'où ont apporté le typhus à Lille. Cette terrible maladie contagieuse colportée à Amiens, puis à Beauvais, Pontoise et Paris, toujours par des vagabonds qui en avaient contracté le germe près des premiers, a fait des ravages qui n'ont pas été suffisamment connus et qui se traduisent, dans les quatre premiers mois de 1893, par 376 cas sur lesquels il y a eu 136 décès. L'épidémie a bien été combattue par les moyens dont on dispose aujourd'hui, mais elle n'en a pas moins contaminé d'autres villes en y faisant de nombreuses victimes, notamment parmi les personnes dévouées qui ont prodigué leurs soins à ces individus peu dignes d'intérêt.

Quelque temps auparavant, une épidémie de variole avait été constatée dans les communes d'Orléans et de Montargis, peu de jours après le passage d'une troupe de bohémiens qui avait perdu un de ses membres de cette maladie.

On a reproché aux abris communaux, dont nous parlerons plus loin, d'être parfois une cause de contagion, quand les mesures de désinfection sont négligées. Il y a, de ce côté une surveillance à exercer, qui doit être imposée aux autorités locales.

Depuis 1893, un certain nombre de Conseils généraux, notamment ceux de la Manche, de Meurthe-et-Moselle, de l'Oise, du Cantal, de l'Orne, etc., se sont émus de la progression et de l'audace de plus en plus menaçantes des vagabonds, bohémiens, mendiants, etc., plus ou moins voleurs, et ont demandé qu'il leur fût interdit de séjourner sur le territoire des départements.

« Dans certaines fermes, a dit M. Chevalier, au

Conseil général de l'Oise, on couche tous les soirs cinq ou six vagabonds. Il n'est pas de jour que dans un village il ne s'en présente dix ou quinze. Les rôdeurs sont d'ailleurs beaucoup plus hardis qu'au début; ils voyagent en bandes, se rencontrent dans les chemins ou les refuges de nuit, se fournissent tous les renseignements utiles pour rançonner les campagnes et éviter les gendarmes. »

En plus d'un point de la France, des incendies, des assassinats, dont les auteurs sont restés inconnus, attirèrent de nouveau l'attention des criminalistes et des jurisconsultes sur les vagabonds. Le mal que ces nomades peuvent faire aux populations fut mis en pleine lumière par l'instruction effroyable de l'affaire Vacher, ce vagabond maniaque, au compte duquel figurent de si nombreux assassinats.

Les Pouvoirs publics s'émurent et le Ministre de l'intérieur chargea une commission extra-parlementaire d'étudier l'organisation d'une police rurale pour une surveillance plus efficace du vagabondage.

Pour apprécier la valeur des réformes qu'il peut être utile d'apporter dans la répression et de rechercher les moyens préventifs à adopter, il est bon de connaître ceux qui furent appliqués dans le passé et quels en furent les résultats.

§ 2. — Aperçu historique.

De tout temps, la mendicité et le vagabondage ont été considérés (qu'ils proviennent de la misère ou de la fainéantise) comme une plaie sociale que, dès la plus haute antiquité à laquelle nous puissions remonter, les législateurs se sont appliqués à prévenir et à réprimer.

Nous trouvons dans les plus vieilles civilisations, en même temps que des lois sévères, quelquefois barbares, contre les mendiants et les vagabonds, des organisations charitables qui, vues à distance, nous laissent l'impression que, depuis ces époques reculées, l'assistance publique, destinée à prévenir la mendicité et le vagabondage, afait bien peu de progrès.

Sans remonter aussi loin, il nous suffira d'envisager les mesures successivement appliquées en France aux différentes époques de notre histoire :

En l'an 570, le concile de Tours, tout en recommandant la charité, eut la pensée d'empêcher le vagabondage et la mendicité, en prescrivant à chaque paroisse l'entretien de ses pauvres, « que chaque cité, suivant ses ressources, nourrisse ses pauvres et ses infirmes, et que la dépense soit répartie entre les habitants et le clergé, afin que les pauvres ne vagabondent plus ».

C'est déjà l'assistance obligatoire par la commune (paroisse), que nous retrouvons depuis cette époque dans toute notre législation et qui à l'heure présente semble encore réunir le plus grand nombre d'opinions.

« Charlemagne, dit M. Charles Dupuy, dans son rapport au Conseil supérieur de l'assistance publique, s'inspire de la parole de saint Paul en interdisant de nourrir tout valide qui refuserait de travailler. Et, pour que le précepte fut praticable, il défendait au mendiant de sortir de la paroisse et à quiconque de leur faire l'aumône ailleurs. Localisation de la mendicité, obligation du travail, voilà les deux traits des mesures prises par Charlemagne. »

C'est la localisation des ressources regardée unanimement aujourd'hui comme une des meilleures solutions du problème de la mendicité.

Le nombre des mendiants, vagabonds diminua, en effet, pendant les premières années de la féodalité. Ces temps ne durèrent pas.

L'aumône était faite à tous sans discernement. Les voleurs et les assassins en profitaient.

Vers les XIIe et XIIIe siècles, le nombre de mendiants, vagabonds devint tellement inquiétant que, pour les surveiller, on dut leur ouvrir des asiles spéciaux où ils étaient parqués. Ces cours de miracles avec leurs états généraux, l'élection de leur roi, etc., constituaient une véritable organisation occulte de vauriens contre la Société. Le mal était déjà si grand que le roi saint Louis en même temps qu'il multipliait les hôpitaux, les maladreries, les léproseries, ordonnait (1270) « que tout fainéant, tout vagabond qui, n'ayant rien et ne gagnant rien, fréquente les tavernes, soit arrêté, interrogé sur ses facultés, banni de la ville s'il est surpris en mensonge convaincu de mauvaise vie. »

Toutes les misères s'étaient abattues sur la France

sous le règne de Jean-le-Bon, la guerre désastreuse
avec l'Angleterre, la peste de 1348, les bandes de
vagabonds et de brigands, malandrins, routiers, écor-
cheurs, pillaient les villes et dévastaient les campagnes. Des bohémiens venus on ne sait d'où, furent
pendant plusieurs siècles, le corps principal de l'armée, le type et le point de ralliement du vagabondage. Ils provoquèrent la fameuse ordonnance de
1350 où il est dit que dans les trois jours de la publi-
cation : « Tous gens oiseux, truendans ou mendians,
» joueurs de dez ou chanteurs publics de quelque
» état, condition, sexe qu'ils soient, vuideront la
» ville de Paris (1) ; qu'après les trois jours, ceux
» qui seront trouvés oiseux, jouant aux dez ou men-
» dians seront prins et menez en prison, et ainsi
» tenus par l'espace de quatre jours ; et quand ils
» auront été délivrez, s'ils sont trouvés oiseux, où
» s'ils n'ont bien dont ils puissent avoir leur vie, où
» s'ils n'ont aveu de personnes suffisans sans fraude
» à qui ils faient besogne où qu'ils servent, ils seront
» mis au pillory, et la tierce fois ils seront signez
» au front d'un fer chaud et bannis des dits lieux. »

La même ordonnance interdit aux barons, cheva-
liers, bourgeois, hôpitaux et maisons-Dieu de secourir et héberger ces personnes, et ordre à tous les
prêtres ou religieux, appelés à prêcher, de dire à
leurs auditeurs qui voudraient faire l'aumône, de ne
rien donner à ces truands et gens oiseux, mais de

(1) Ordonnance de 1350.

réserver leur bonne volonté pour les gens aveugles, méhaignez (estropiés) ou malades et pauvres passants qu'ils pourraient héberger une nuit seulement.

L'excès de sévérité de cette loi en limita l'application. Aussi fallut-il souvent renouveler les recommandations. L'ordonnance de 1493 condamne les vagabonds mendiants aux galères et leurs complices au fouet, mais le vice était tellement invétéré que les mesures les plus cruelles n'arrêtèrent point les vagabonds.

Le 6 juillet 1495, Charles VIII organise une force publique chargée d'assure l'ordre et de surveiller la mendicité. C'est de cette époque que date la maréchaussée.

En 1498, Louis XII donne aux baillis juridiction sur les vagabonds et prononce contre eux « la peine de mort, la question ou la torture » (1).

Malgré tout, la plaie loin de se cicatriser, ne fait que s'étendre. François Ier essaie d'y porter remède par de nouvelles dispositions; la déclaration de 1526 (2) enjoint au Prévôt de Paris de saisir tous les vagabonds, dits mendiants valides, pour les conduire dans la prison de Paris et en faire justice. Le procédé était simple mais d'exécution un peu trop sommaire; de même que celle de 1534 qui condamnait les vagabonds au supplice de la roue (3) et prescrivit des répressions énergiques, parfois barbares, contre ceux qui,

(1) Ordonnance de 1498.
(2) Ordonnance de 1526.
(3) Ordonnance de 1534.

à cette époque, désolaient les campagnes « abandonnés à tous les vices, larrons, meurtriers, cap-
teurs et violeurs de filles, renieurs de Dieu, cruels
inhumains faisant le vice vertu.

« Avant que de souffrir mort, auront la langue ouverte avec un fer chaud et la langue tirée et coupée
par le dessous et de ce fait seront pendus selon leur
démérite. »

Pour assurer l'exécution de son ordonnance, François Ier institua une force publique à Paris avec ordre
« de visiter chaque jour les lieux et places de ladite
ville, carrefours, cabarets, maisons, tavernes et
autres endroits dissolus ou gens malvivants, vagabonds et sans aveu sont accoutumés de se retirer,
et ceux qui seront trouvés en présents méfaits, ils
les prendront au corps et les feront mettre en prison au Châtelet ».

Mais on reconnut bientôt que toutes les mesures de
répression ne suffiraient pas à extirper la mendicité
tant qu'on n'offrirait pas aux vagabonds un moyen
de gagner leur vie.

C'est dans ce but que furent créés : d'un côté pour
les invalides le grand Bureau des pauvres, qui avait
le droit de lever chaque année une taxe d'aumône sur
toutes les communautés et sur tous les habitants de
la capitale. De l'autre, pour les valides, des ateliers de
charité établis non seulement à Paris, mais dans les
principales villes de France, sous la direction d'un
certain nombre des plus notables habitants de chaque
localité.

Les vagabonds valides qui se disaient privés d'ouvrage n'en affluèrent que plus nombreux, surtout à
Paris, donnant comme excuse que personne ne voulait les employer. C'est pour leur enlever tout prétexte
que parut, le 16 février 1545, la déclaration de Saint-
Germain-en-Laye (1), d'après laquelle les prévôts des
marchands et échevins eurent ordre d'ouvrir des ateliers pour « des travaux utiles à la ville, auxquels
tous les mendiants valides sans distinction de sexe
seraient admis et obligés de faire bonne et complète
journée comme s'il s'agissait d'un travail privé, à
peine de diminution de salaire, d'emprisonnement ou
d'enchaînement de leur personne. »

Deux ans suffirent pour démontrer l'insuffisance de
cette législation, remplacée par celle plus complète
de l'édit de 1547, où il est constaté que les moyens
employés jusqu'ici pour combattre l'affluence des
pauvres à Paris et la mendicité, étaient restés inefficaces ; que l'aumône distribuée aux pauvres à défaut
de travail, était considérée par eux comme un droit,
les entretenait dans l'oisiveté, et qu'elle stimulait ceux
des provinces voisines à venir se fixer à Paris ; de
sorte qu'en peu de temps, le triple des ressources que
l'on possédait aurait à peine suffi pour subvenir à leur
nourriture au préjudice des véritables nécessiteux.

En conséquence, Henri II publia l'édit précité qui
contient une nouvelle organisation de l'assistance par
le travail.

(1) Déclaration de Saint-Germain-en-Laye.

La généralité des mendiants y est classée en trois
catégories : les mendiants valides, les mendiants
invalides sans aucunes ressources et « sans feu ni
lieu » pour se retirer ; les pauvres malades et impuis-
sants ayant des lieux de retraite, mais n'ayant
aucun moyen de travailler « ou gagner leur vie » ;
ceux qui ne pouvaient complètement suffire à leurs
besoins malgré leurs ressources et leur travail.

Pour les premiers, des travaux publics furent ouverts avec ordre de s'y rendre, à peine de bannisse-
ment de la vicomté de Paris.

Les seconds furent « menez et distribuez » dans
les hôpitaux, hôtels et maisons-Dieu, pour y être
nourris, secourus et entretenus des deniers et revenus
de ces maisons « à raison de leur possibilité ».

Les derniers furent mis à la charge des habitants
de chaque paroisse qui, « à cette fin, firent faire les
» rooles par les curés ou vicaires et marguillers,
» pour leur distribuer, en leur maison ou en tel autre
» lieu commode, qui serait advisé par lesdits curés
» vicaires ou marguillers, à chacune d'icelles parois-
» ses l'aumosne raisonnable » (1).

Nous trouvons dans cette ordonnance l'affirmation
du principe de centralisation des ressources et des
avantages qu'elle procure.

« Et pour ce même effet, les abbayes, priorez,
» chapitres et collèges de ladite ville qui d'ancienne
» fondation étaient tenus faire aumosnes publiques,

(1) Ordonnance de 1547.

» d'autant que ladite aumosne était occasion d'attraire
» les valides et les détournerait d'œuvrer et travailler ;
» furent tenus bailler et fournir en deniers à la pa-
» roisse, à laquelle lesdits abbayes, priorez, collè-
» ges et chapitres, étaient assis la valeur de ladite
» aumosne publique ».

L'ordonnance contient encore une critique sévère
des administrations hospitalières qui s'appropriaient
la meilleure partie des revenus et ont poussé leurs
prétentions jusqu'à se voir titulaires des bénéfices,
défraudant ainsi les pauvres et leur due nourriture
ne pourront « estre au régime et gouvernement des
» fruits et revenus des dictes maladreries et hôpi-
» taux, autres que simples bourgeois, marchands ou
» laboureurs et non personnes ecclésiastiques, gen-
» tilshommes, archers, officiers publics, leurs servi-
» teurs ou personnes par eux interposés (1). »

Dispositions excellentes mais mal observées sans
doute et vainement reproduites par le chancelier
Michel de l'Hospital, nous dit M. Charles Dupuy.
« N'importe, le principe s'affirme, l'assurance doit
être le plus possible paroissiale, le secours à domicile est préférable à l'hospitalisation, l'indigent valide
doit gagner sa vie par son travail, ce sont encore nos
désideratas. Puisse cette fin de siècle leur donner
satisfaction. »

Malgré tant d'efforts et la sévérité des ordonnances, il y avait encore dans Paris pendant la disette

(1) Ordonnance de 1547.

de 1587, 17.000 mendiants étrangers ; on voyait dans les campagnes des gentilshomme qui, après avoir perdu leurs biens, leurs chevaux, reçu de nombreuses blessures au service du pays, n'avaient pas même de quoi acheter les médicaments qui leur étaient nécessaires pour se faire traiter. Dans l'impossibilité de gagner leur vie et réduits à la dernière des misères, ils allaient de bourgades en bourgades et jusque dans les villes, étaler le douloureux spectacle de leurs cicatrices et de leurs plaies, afin d'émouvoir les cœurs et la charité.

C'est à ceux-là, « pauvres gentilshommes et soldats estropiés, vieux et caducs » qu'Henri IV affecta spécialement la maison royale du faubourg Saint-Marcel.

Malgré la vigilance apportée, le soulagement des pauvres et les peines appliquées aux vagabonds furent toujours surmontées par la « malice des mendiants aimant mieux vaguer et quémander par les villes que travailler et employer leurs forces pour gagner leur vie » (1).

Par un nouveau mandement furent créés les hôpitaux, infirmeries, où les mendiants étaient enfermés, nourris et astreints à un travail de douze heures par jour en hiver et de quatorze en été.

Le mal n'en persista pas moins ; c'est l'époque où les édits succèdent aux édits presque d'année en année sans que les nouveaux règlements produisent beaucoup plus d'effet que les anciens.

_____

(1) Mandement du 27 août 1612.

Au commencement du règne de Louis XIV, les troubles politiques favorisent l'envahissement des vagabonds qui deviennent menaçants. Il y avait à cette époque onze cours de miracles servant de repaires à plus de 40,000 mendiants.

Les misérables vivant dans la plus honteuse promiscuité dressaient leurs enfants au vol et à la mendicité, s'emparaient par violence d'enfants et d'adultes qu'ils tenaient renfermés dans les maisons appelées *fours* pour les vendre au bout de quelque temps à des recruteurs.

Une commisson réunie sur l'ordre du roi en 1656, pensa que si les précédents règlements avaient produit si peu d'effet cela tenait à deux causes principales : *l'insuffisance du travail offert* et l'attribution trop restreinte des pouvoirs des directeurs.

Un nouvel édit prescrivit de renfermer les pauvres, valides et invalides, sans condition de sexe et d'âge, dans un établissement qui prendrait le nom d'hôpital général sous la direction du premier président et du procureur général qui s'adjoindraient un conseil composé des plus notables bourgeois de Paris.

Les directeurs de l'hôpital général déployèrent un grand zèle et l'ordre sembla devoir se rétablir. Mais bientôt ils signalèrent au gouvernement la rebellion des vagabonds contre les agents de la force publique chargés de les arrêter.

Par fausse compassion et peut-être aussi par crainte, des personnes charitables qui, malgré les ordonnances, faisaient l'aumône dans les rues et dans les églises, entretenaient la mendicité; si bien que les mendiants refusaient le travail des champs malgré les prix élevés qui leur étaient offerts.

De nouvelles ordonnances renouvelèrent les prescriptions antérieures (1).

Celle de 1661 portait injonction de se saisir de tous les mendiants valides de l'un et l'autre sexe, de les conduire en prison, de les châtier du fouet en public.

A la troisième fois, les filles et femmes seraient rasées et bannies pour dix ans, les hommes envoyés servir pendant cinq ans sur les galères du roi, sans aucune forme de procès.

Celle de 1669, en renouvelant la prescription à tous les mendiants de se retirer au lieu de leur naissance, étend à tout le royaume les édits qui avaient été publiés à Paris, pour l'entretien des pauvres; enjoignant aux officiers, échevins et consuls d'employer les validés aux travaux auxquels ils seraient propres.

Après la peste qui ravagea la Provence en 1720, le nombre des vagabonds devint inquiétant.

On reconnut que si les ordonnances anciennes n'avaient remédié à rien, cela provenait d'un grand nombre de causes, notamment de ce que la législation n'avait pas eu un caractère assez général; que les hôpitaux n'étaient pas assez nombreux pour recevoir tous les indigents et n'avaient pas assez de ressour-

(1) Ordonnances d'août 1661, janvier 1669, 12 octobre 1686, 25 janvier 1687, 19 octobre 1693.

ces ; que les peines étaient insuffisantes et que les travaux qui leur étaient offerts dans leurs communes n'étaient pas assez importants pour leur enlever tout prétexte de vagabondage.

Le régent proposa en 1719 de faire transporter les vagabonds aux colonies où ils travailleraient comme engagés. Mais il rencontra des oppositions qui l'en empêchèrent.

Des dispositions nouvelles sont prises pour appliquer les ordonnances à tout le royaume. Les peines furent sévères et plus grandes. On fait appel à la charité publique; on insiste sur les avantages de la centralisation des ressources. On démontre aux personnes charitables que la moitié de ce qu'elles donnaient d'habitude en aumône serait plus que suffisant pour entretenir tous les hôpitaux si les sommes étaient centralisées.

Idée excellente qui a été tout récemment reprise et a donné d'admirables résultats (1).

« Les mendiants seront admis à s'engager dans les hôpitaux qui seront tenus de les recevoir ». Les mesures furent appliquées jusqu'en 1733, époque à laquelle nous constatons une sorte d'organisation du travail pour l'établissement dans chaque paroisse d'ateliers publics.

Les vagabonds étaient embrigadés par escouades de vingt hommes qui travaillaient sous la direction et

---

(1) M. de Magnitot a obtenu la suppression presque complète du vagabondage dans les départements de la Nièvre et de l'Orne en centralisant les ressources de l'aumône.

la surveillance d'un sergent. Mais l'indiscipline, la paresse et la turbulence des mendiants ne permirent pas la réussite de cette réforme qui, si elle eut été intelligemment comprise, eut donné de bons résultats.

La déclaration de 1724 fût, malgré son insuccès, confirmée par celle de 1750. Parmi les nombreuses mesures édictées de cette époque à 1789, il nous suffira de citer l'ordonnance de 1779 qui prescrit à tous mendiants qui ne sont pas à Paris de se munir de passeports, et celle de 1784, visant spécialement les vagabonds étrangers, lesquels devront être chassés du royaume.

Ainsi, de Charlemagne à la Révolution, les efforts de la Monarchie pour extirper le vagabondage et la mendicité peuvent se résumer ainsi : 1º localisation des vagabonds dans leur paroisse ; 2º internement dans des hospices ou des ateliers de charité suivant qu'ils étaient invalides ou valides. En quoi elle se montre, dit M. Charles Dupuy, plus prévoyante que l'auteur du décret de 1808 à qui l'on peut reprocher de n'avoir envisagé que le second moyen et négligé le premier.

Nous ne pouvons nous associer que partiellement à la critique de l'éminent rapporteur : la loi de vendémiaire a fixé le domicile de secours communal des indigents. Le législateur de 1808 n'avait donc pas à se préoccuper d'une localisation qui existait déjà.

Il nous reste pour terminer cet aperçu historique, avant d'en arriver aux dispositions législatives qui régissent actuellement la matière, à dire quelques mots des mesures proposées par la Révolution pour la répression du vagabondage.

Ce ne sont plus des mesures isolées, c'est l'organisation complète de l'assistance publique qu'aborde la Constituante.

Après avoir posé en principe le droit au secours auquel elle donne comme corrélatif, l'obligation de travailler, elle décide que les charges de l'assistance seront supportées par la Nation, que les vagabonds étrangers seront hospitalisés et que ceux des provinces seront rapatriés dans leur département.

Chaque département recevra une subvention de 30,000 francs pour frais d'assistance qui est déclarée dette nationale. La Convention entre dans les détails d'organisation des services publics et de la répression. Les indigents valides qui refuseront de travailler seront conduits dans des maisons de travail qui devaient remplacer les dépôts de mendicité. On s'attachera spécialement à les obliger à travailler « seule peine raisonnable, disait le rapporteur, que » l'on puisse infliger à la paresse » (1).

Mais pour ceux qui après leur sortie de la maison se livreront de nouveau au vagabondage et à la mendicité, elle fixe des peines sévères qui vont jusqu'à la déportation des récidivistes : « Les mendiants » condamnés à la déportation seront transportés » sur quart sud-est de l'île de Madagascar. »

(1) Décret des 3 mai, 13 juin 1790. Loi du 13 juin 1792.

Hâtons-nous de dire qu'il n'y eut jamais, ni maisons de répression ni colonie pénitentiaire à Madagascar. Les départements ne reçurent pas 30,000 francs, mais seulement 15,000 francs.

Pour subvenir aux frais d'assistance, la Convention y affecte les fondations et donations qui avaient été faites en faveur des pauvres et le produit de la vente des biens hospitaliers, interdit l'aumône sous peine d'amende, fixe le domicile de secours (1), place dans les attributions de la gendarmerie la surveillance des mendiants et des vagabonds (2).

En résumé, toutes les dispositions prises par la Révolution, reposent sur ce principe :

1° Que tous les invalides pauvres, les vieillards, les enfants doivent être assistés ;

2° Que les indigents valides ne doivent être secourus qu'en raison du travail qu'ils fourniront (la répression ne doit atteindre que ceux qui refuseront de travailler.)

La République se charge de les occuper dans les ateliers de charité jusqu'à ce qu'ils aient pu trouver une occupation plus rémunératrice.

C'est le principe qui nous guidera dans la recherche d'une nouvelle organisation.

————

(1) Loi du 24 vendémiaire, an II.
(2) Loi du 8 germinal, an VIII.

CHAPITRE Ier

Le vagabondage et les articles 269, 270, 271 et 274 du Code pénal

Ainsi que nous l'avons vu précédemment, aux termes de l'article 270, le Code pénal, classe dans la catégorie des vagabonds tous les gens sans aveu qui n'ont ni domicile certain, ni moyens de subsistance et qui n'exercent habituellement ni métier ni profession.

Cet article détermine d'une façon précise le caractère du délit qui nous occupe. Il indique les conditions qui doivent se rencontrer simultanément pour qu'il y ait vagabondage au sens légal du mot.

Difficulté d'atteindre tous les vagabonds

Une des conditions venant à manquer le délit n'existe plus De là une des difficultés de la répression du vagabondage.

En effet les trois conditions exigées par la loi se trouveront peu fréquemment remplies. La question de domicile sera en général assez rapidement tranchée et rarement le vagabond essaiera de prouver qu'il a un abri légal ; mais, tantôt il saura arguer d'un métier récemment exercé, tantôt il aura dans sa poche quelque menue monnaie. Dans ce cas le magistrat s'empressera de l'élargir en lui prodiguant quelques conseils. Pour le vagabond véritablement amoureux des grandes routes un moyen de ne jamais

être inquiété, consiste à conserver une pièce de un
ou deux francs qu'il considère comme son passe-par-
tout et à laquelle il ne touche jamais, si ce n'est pour
la montrer au procureur de la République.

Enfin, quels que soient les moyens employés, il nous
paraît facile pour l'homme valide d'éluder la loi et,
tout en étant véritablement vagabond, ne pas être
cependant le vagabond juridique, car il n'y a de
vagabond au point de vue légal que ceux déclarés
tels par un jugement correctionnel.

Il est bien certain que beaucoup parmi les nomades qu'on rencontre dans les campagnes, ne sont
pas atteints par notre législation. Il nous suffira de
citer ces tribus de roulotiers qui, dans des équipages
divers autant que pittoresques passent leur existence
sur les routes allant de villages en villages rançonner les habitants qui ont toutes raisons de les redouter. Bohémiens, saltimbanques, chanteurs de rues,
marchands ambulants (1) sont bien vagabonds. Ils
constituent en réalité l'armée régulière du vagabondage
dangereux, bien qu'ils ne puissent être condamnés
comme tels aux termes du Code pénal. Ils ont un
métier, sont porteurs de permissions de parcours et
de séjour, leur situation est régulière au moins en
apparence. En réalité ce sont des vagabonds d'autant
plus à craindre qu'ils se savent plus difficiles à saisir.
Cette classe d'individus voyage généralement en

_____

(1) Il ne faut pas les confondre avec les forains qui sont en
général d'honnêtes gens et dont beaucoup même sont petits pro-
priétaires en quelques coins de la France.

famille et les enfants sont dressés de bonne heure à faire main basse sur le linge étendu que la ménagère ne surveille pas, sur la volaille écartée du poulailler, sur les légumes et les fruits du verger. Ceux-là sont assurément très dangereux. Cependant nous ne sommes pas armés contre eux. Nous savons que leur industrie au lieu de leur donner des moyens d'existence, leur sert bien plutôt à couvrir leurs déprédations et leurs rapines. Mais nous n'avons pas de texte pour les atteindre. Aussi estimons-nous que c'est spécialement sur eux en attendant un nouvel état de la législation que la surveillance administrative devra activement s'exercer.

Nous pourrions multiplier les exemples et constater que parmi les nombreuses catégories de vagabonds, les plus dangereux ne sont pas atteints par la loi sur le vagabondage. Il faut qu'ils aient commis un délit de droit commun pour que les populations des campagnes en soient débarrassées pendant quelque temps.

La définition du vagabondage, telle qu'elle a été donnée par le législateur de 1810, nous paraît donc beaucoup trop étroite. Elle est certainement un obstacle à la répression.

Nous souhaiterions qu'une large part en cette matière soit laissée à l'appréciation du juge. Un premier pas d'ailleurs a été fait dans cette voie par la promulgation de la loi sur le vagabondage spécial (1).

(1) Loi du 30 juin 1895.

Dans l'application de cette loi, le juge a qualité pour apprécier la source des moyens d'existence du prévenu.

Mais, sans entrer pour le moment dans l'étude des réformes législatives, nous voulons nous attacher à montrer brièvement l'insuffisance et l'inefficacité de la législation actuelle.

Et d'abord examinons s'il est bien équitable de classer le vagabondage dans la catégorie des délits et quelles sont les conséquences qui résultent de cette classification.

Classification du vagabondage dans la catégorie des délits

Le Code pénal en rangeant le vagabondage dans la catégorie des délits s'est maintenu dans l'esprit des anciens édits qui avaient déjà déclaré, dans une formule générale et traditionnelle, que les vagabonds seraient punis, encore qu'ils ne fussent prévenus d'aucun autre crime ou délit (1).

Cependant le législateur de 1810 a jugé utile tout en inscrivant le vagabondage sous le titre général des délits de confirmer sa volonté dans un article spécial. Il a donc pensé que le vagabondage ne se présentait pas nettement à l'esprit comme faisant l'objet d'un délit. Il faut bien reconnaître, en effet, que si la défense sociale justifie des mesures de

_____

(1) Edits des 17 juillet 1724, 20 octobre 1750 et 3 août 1764.

rigueur contre les vagabonds, c'est à peine si considéré comme fait, le vagabondage peut être classé au dernier rang des infractions.

Toutefois la seule idée de défense sociale ne suffit pas pour justifier la pénalité. Tout au plus elle motiverait l'internement des vagabonds dans des asiles où ils seraient mis dans l'impossibilité de nuire.

Pour trouver la justification de la pénalité il faut arriver à l'idée de faute, de démérite ; la peine ne peut être infligée qu'à un coupable.

La question qui se pose alors est de savoir si le malheureux déclaré vagabond par l'application de l'article 270 est bien un coupable.

Beccaria a dit « le délit n'est punissable qu'autant qu'il est évitable ». Or, la loi ne distingue pas — et c'est ce que nous lui reprochons — entre les vagabonds volontaires et ceux qui ont été réduits à cet état à la suite de circonstances indépendantes de leur volonté.

Pour qui a la moindre idée de justice, est-il possible à la société de flétrir un homme par le seul fait qu'il est malheureux?

Nous n'ignorons pas que, s'appuyant sur la qualification même du délit donné au vagabondage, le juge exigera pour condamner le prévenu qu'il y ait de sa part fait intentionnel. C'est ainsi que les victimes des fléaux ne seront même pas poursuivis.

Mais les sans-travail dont le nombre va fatalement croissant chaque jour sont des victimes involontaires du progrès, assimilables aux victimes des fléaux.

Ceux-ci, comme ceux-là, subissent le malheur immérité de leur condition. Ils doivent donc avoir le même traitement, et puisque l'esprit de la loi ne veut pas qu'il y ait délit pour les premiers, il ne doit pas non plus y avoir délit pour les seconds.

Or, depuis les vingt-cinq dernières années, le nombre des vagabonds a triplé.

Les faits économiques auxquels l'individu ne peut rien en sont la raison principale.

Ce qui était un cas très particulier dans les causes du vagabondage devenant aujourd'hui le cas général, la société ne trouve plus dans l'esprit de la loi la justification de son droit de punir. Elle en use cependant.

Nous croyons qu'elle en use injustement et que c'est dans d'autres faits que ceux uniquement puisés dans l'article 270 qu'elle doit chercher ce droit.

Il faut que préalablement la société ait fourni à celui qui est privé de toutes ressources, des moyens de subsistance suffisants pour lui et sa famille. Alors si l'homme refuse le travail, elle trouvera dans ce seul fait le droit de punir, et de punir alors d'autant plus sévèrement.

Actuellement, la société frappe l'homme dénué, privé d'abri et de logement. Elle confond l'ouvrier sans travail avec des gens sans aveux qui, selon la définition du Code, n'exercent aucun métier ou n'ont aucun moyen d'existence. Cette confusion est injuste et la sévérité qui en est la conséquence est imméritée. C'est l'avis unanime de tous ceux qui ont traité

3

de cette manière et personne ne doute aujourd'hui que c'est sur la distinction à établir entre le vagabond professionnel et le vagabond occasionnel, que doit être assise la future législation sur le vagabondage. Nous reviendrons sur cette distinction essentielle, après notre incursion dans le Code Pénal

Peines appliquées aux vagabonds

Quelles sont les mesures par lesquelles le législateur de 1810 a cherché à atteindre le vagabondage et la mendicité ?

Ce sont l'emprisonnement, le transfert dans un dépôt de mendicité, l'interdiction de séjour et la relégation. La dernière date seulement de 1887.

L'article 271 s'exprime ainsi : « Les vagabonds ou » gens sans aveux qui auront été légalement décla- » rés tels, seront pour ce seul fait punis de trois à » six mois d'emprisonnement. »

Cette peine est insuffisante si l'on se trouve en présence de vagabonds ou de mendiants incorrigibles réfractaires à toute impulsion, à tout retour vers le travail, vers le bien. Elle est trop sévère au contraire, si on frappe un malheureux victime du chômage, tombé momentanément dans un état de misère duquel il suffirait d'une main secourable pour le tirer. Pourvu d'un casier judiciaire, moralement contaminé par le séjour de la prison, en promiscuité avec des êtres définitivement corrompus, à l'expiration de sa peine, il ira grossir les

rangs des vagabonds et des mendiants incorrigibles.

Le même article 271 *in fine* renvoyait sous la surveillance de la haute police pendant une durée de
cinq ans au moins et de six ans au plus les individus condamnés pour vagabondage. Ce renvoi sous
la surveillance de la haute police a été remplacé par
l'interdiction de séjour. (Loi du 27 mai 1885.) Sans
discuter les avantages et les inconvénients de cette
loi, nous constaterons qu'elle est sans portée au
point de vue de la répression du vagabondage.
Qu'importe, en effet, au vagabond d'errer dans telle
ou telle région de la France. Si le midi lui est interdit, c'est le nord qui servira de théâtre à ses incur-
sions. Voilà tout. Nous ne voyons dans le prononcé
de cette peine accessoire aucun moyen d'apporter
le moindre remède au mal qui nous occupe.

L'article 274 qui vise spécialement la mendicité
mérite d'arrêter notre attention. Il est ainsi conçu :
« Toute personne qui aura été trouvée mendiant dans
» un lieu pour lequel il existera un établissement
» organisé afin d'obvier à la mendicité, sera punie
» de trois à six mois d'emprisonnement. »

Ainsi le Code fait une différence entre le mendiant
et le vagabond et ne leur applique pas le même traitement. Un vagabond est condamné en n'importe
quel lieu où il se trouvera par le seul fait qu'il est vagabond. Le mendiant ne sera condamné que s'il
n'existe pas de dépôt de mendicité dans le département. Cette différence ne doit pas être, dans l'ordre

d'idées où nous nous plaçons, puisque l'un et l'autre constituent le mal auquel nous voulons remédier. Il n'en serait pas ainsi si l'intention du législateur eût été complètement réalisée.

Le libellé de cet article 274 nous indique clairement que dans la pensée de ses auteurs le principe d'un devoir social préalable à l'action pénale est nettement posé. L'idée fondamentale de la loi est celle-ci : « Vous n'exercerez de répression que si vous avez organisé l'assistance ». C'est dans cette intention que, par décret du 5 juillet 1808, fut créé dans chaque département un dépôt de mendicité et dans la pensée du législateur ces établissements devaient être à la fois des maisons de travail, d'assistance et de répression.

Cela ressort clairement d'un règlement du 21 octobre 1808, article 133, portant que : « Des ateliers de charité peuvent être organisés dans l'intérieur des dépôts pour les pauvres du département en état de liberté qui manqueraient d'ouvrage et rechercheraient du travail. Ces ateliers doivent être séparés des locaux destinés aux mendiants ».

Voilà bien l'hygiène préservatrice de la maladie que nous demandons tous aujourd'hui.

Ces institutions qui sont excellentes quand on sait s'en servir n'ont pas répondu dans la pratique aux espérances de leur créateur.

1° Tous les départements n'en ont pas été pourvus, ce qui rend la mesure presque nulle, car les vagabonds qui voudront échapper à la loi n'ont qu'à se cantonner dans les départements qui ne sont pas pourvus de ces établissements.

Cinquante-neuf établissements furent appropriés sinon organisés pour contenir 22,500 mendiants, mais après la chute de l'Empire, le mouvement s'arrêta. L'obligation où les départements et les communes étaient de pourvoir à la dépense d'entretien des dépôts fit abandonner l'œuvre commencée. Il n'en reste plus que vingt-cinq.

2º Ces institutions ont dévié de l'idée qui avait présidée à leur création et celles qui restent ne répondent plus à la destination qui leur avait été primitivement donnée.

L'administration n'y offre pas un abri provisoire moyennant travail à l'homme qui en manque; elle y interne soit des vieillards et des incurables, soit des libérés sortant de prison après avoir purgé une condamnation pour vagabondage. C'est un établissement mixte. C'est tout à la fois un hospice et une sorte d'annexe de la prison. La condition essentielle de l'assistance préventive, le travail offert dont la loi fait la condition de la répression n'est même pas esquissé.

Nous eussions pu trouver cependant dans la création des dépôts de mendicité un moyen sérieux à la fois répressif et préventif pour combattre le fléau du vagabondage.

L'exemple de la Hollande vient à l'appui de notre dire.

Dans ce pays, la simple application de notre Code

resté en vigueur jusqu'à ces derniers temps a donné des résultats satisfaisants qui nous permettent de constater les bienfaits d'une organisation que nous avons conçue sans jamais la mettre en pratique. En Hollande cependant pas plus qu'en France on ne reconnaît le droit à l'assistance, mais la sage prévoyance du législateur hollandais a organisé le secours d'une manière assez large pour qu'aucun indigent ne soit laissé dans la rue s'il consent à se présenter à la Maison des pauvres et en même temps, il a rendu la répression aussi prompte que rigoureuse afin de lui ôter la tentation de demander des moyens d'existence au vagabondage et à la mendicité. Pour obtenir cet utile résultat, l'administration hollandaise n'a eu qu'à appliquer simplement notre article 274 et toute l'organisation qu'il a créée : Elle a commencé par exécuter sévèrement la loi sur le domicile de secours et à l'appliquer aux indigents étrangers en les renvoyant dans leur lieu d'origine. Quant aux mendiants et nomades pris en flagrant délit de vagabondage et de mendicité, le principe posé dans le décret de 1808 a été maintenu en leur faveur. Avant toute condamnation, ils ont le choix de se rendre à la Maison de travail. Ce n'est que dans le cas de résistance de leur part qu'ils sont condamnés à l'emprisonnement d'abord, pour être ensuite dirigés sur la Maison de travail où ils avaient le droit d'aller volontairement.

Ces principes dont nous venons de parler sont malheureusement mal dégagés dans le Code. La distinction entre le mendiant et le vagabond, la non distinction au contraire entre le paresseux et le déshérité ont créé des obstacles à la mise en pratique de l'organisation si prévoyante de 1808. A Paris même, le système d'assistance prescrit par le décret de cette date n'a été organisé que d'une manière insuffisante.

En résumé, l'établissement, dès l'origine, des dépôts de mendicité aurait pu devenir un moyen préventif de vagabondage, si au lieu d'en faire exclusivement des asiles de mendiants invalides, ils avaient été organisés pour procurer du travail aux indigents valides, qui, par suite de chômage ou de toute autre cause indépendante de leur volonté, se trouvent momentanément privés de ressources. L'application sévère et persévérante du système, étendue aux besoins de chaque jour, aurait enrayé la marche toujours ascendante du fléau que l'on veut combattre énergiquement aujourd'hui.

Un dernier mode de répression du vagabondage a été institué par la loi du 27 mai 1885 sur la relégation. Mais il est à remarquer que cette loi fait seulement entrer le vagabondage dans la catégorie des cas entraînant la transportation, quand le vagabond a été condamné pour d'autres crimes ou délits. Elle n'inflige pas cette peine perpétuelle quand le condamné n'est que mendiant et vagabond. C'est ainsi qu'on a pu voir de vieux amateurs des grands chemins avoir jusqu'à 80 condamnations pour vagabondage, sans pour cela être sujets à la relégation.

Nous ne croyons pas d'ailleurs que ce soit dans la transportation telle qu'elle est pratiquée aujourd'hui

que nous puissions chercher la répression énergique
du vagabondage. Le transport des condamnés coûte
déjà très cher aux finances de l'État et le crédit affecté
aux dépenses, devrait être considérablement aug-
menté pour qu'on puisse étendre suffisamment la
mesure.

Si donc l'on voulait appliquer la transportation
comme moyen de se débarrasser des vagabonds, il
faudrait tout au moins qu'on les embrigadât d'une
façon telle que les travaux auxquels ils seraient soumis pussent indemniser l'Etat des dépenses consen-
ties pour eux. Notons en passant qu'il y aurait à
faire sur ce point une étude des plus intéressantes.

Quoiqu'il en soit, avec la législation actuelle, cette
peine n'est pas directement appliquée contre les vagabonds. Le seul mode de répression que le juge ait à
sa disposition est l'emprisonnement et il est loin de
l'employer largement. Le plus souvent, il se conten-
te d'infliger quelques jours de prison. Il ne se décide à infliger le maximum que dans des cas très rares
de récidive.

Il faut bien dire que le magistrat en présence d'un
vagabond, même d'un vagabond de profession, est
bien embarrassé pour sévir plus rigoureusement que
contre un voleur. C'est une mesure de sécurité qu'il
prend, et quand le vagabondage n'est pas compliqué
d'un délit spécial, d'un délit positif, d'une atteinte soit
aux personnes, soit aux propriétés, le juge hésite à
frapper plus durement qu'il ne frapperait s'il s'agissait d'un escroc. Ce n'est qu'au bout de nombreuses

récidives qu'il se décidera à le condamner à plusieurs mois de prison, bien persuadé qu'il a à faire à un homme réfractaire à tout travail, qui entend vivre sans rien faire, et qui le déclare nettement, par ses actes, sinon par ses paroles.

Mais alors on se demande quelle influence morale peut avoir sur un condamné de cette espèce la peine subie dans l'inaction au contact d'êtres pervertis ?

Elle est plutôt une cause de dépravation. Aucun magistrat n'ignore qu'il existe toute une catégorie de vagabonds — ce n'est d'ailleurs pas la plus dangereuse — qui, regrettant la prison aussitôt qu'ils en sont sortis, ne cherchent qu'à se faire incarcérer à nouveau. Ils ont là le gîte et le souper aux frais du gouvernement et ils emploient pour se les procurer des procédés simples et ingénieux.

Ils tiennent beaucoup, cela va sans dire, à ne point tomber sous le coup de la relégation. Ils ont étudié cette loi, ils ont cherché les moyens de la tourner, c'est-à-dire à commettre des délits qui tout en leur ouvrant le refuge de la prison ne comptent pas pour la récidive et l'envoi dans les colonies. Ces procédés, ils les ont trouvés : l'un est déjà ancien, c'est la filouterie d'aliments au préjudice des restaurateurs, autrement dit la grivèlerie. Il consiste à se faire servir un bon repas, et à dire ensuite flegmatiquement lorsque le garçon apporte la note : « Allez chercher les gendarmes, nous n'avons pas de quoi pour payer. » Le second était inconnu avant le commencement de 1886, ou tout au moins n'était pas pratiqué. Il est qualifié de dégradation aux monuments publics. Il consiste à briser ostensiblement les vitres du réverbère à la porte du commissaire de police. Les individus qui l'ont inventé et pratiqué entrent donc en prison quand il leur plaît. Quelques-uns y rentrent le soir même ou le lendemain du jour où ils en sont sortis. S'ils veulent prolonger leur existence d'aventures, la jurisprudence des tribunaux leur donne une vingtaine de jours de congé, car c'est seulement au bout de vingt jours environ de vie errante, sans domicile et sans travail, qu'on est déclaré vagabond.

Quoiqu'il en soit, le jour où ils réintègrent leur domicile pénitentiaire habituel, les vagabonds y trouvent des conditions d'existence dont leur paresse a pris goût et s'accommode avec satisfaction. Nos prisons départementales sont ainsi envahies de fainéants dont l'entretien vient grever sérieusement notre budget.

C'est là un état de chose inadmissible et qu'il convient de faire cesser à l'aide d'une répression plus efficace.

Nous avons indiqué les principales raisons pour lesquelles notre législation sur le vagabondage semble devoir être réformée. Nous allons dire dans quel sens nous voudrions voir se diriger les efforts du législateur.

CHAPITRE II

Des moyens à employer

Les mesures à prendre en vue d'arriver à de meilleurs résultats que ceux obtenus jusqu'à ce jour, ont fait l'objet de nombreuses propositions de la part de criminalistes philanthropes, de sociétés d'assistance, de protection, des assemblées départementales, tous préoccupés de la grave question du vagabondage. En 1895, M. le Ministre de l'intérieur adressait aux préfets pour être soumise aux conseils généraux, une note émanant d'une Commission mixte de la Société générale des prisons et de la Société internationale d'assistance, relativement aux mesures à prendre pour combattre le vagabondage et la mendicité dans les campagnes (1).

(1) « MONSIEUR LE PRÉFET. Je reçois la lettre suivante de M. Félix Voisin, président de la Société générale des prisons :

« La question de la répression du vagabondage et de la mendicité semble préoccuper de plus en plus les populations agricoles ainsi que les assemblées qui les représentent et le Gouvernement qui a mission de les protéger. Les Conseils supérieurs de l'assistance publique et des prisons en ont été successivement saisis. L'année dernière le problème a été examiné dans les congrès qui se sont tenus à Lyon ; enfin, depuis deux ans, un certain nombre de Conseils généraux ont paru disposés à faire acte d'initiative en appliquant les mesures dont l'expérience, soit en France, soit à l'étranger, aurait démontré l'efficacité.

» Mais la voie à suivre reste encore très incertaine et, en tout cas, elle différera pour chaque région suivant les besoins et suivant les moyens dont on disposera.

» On ne saurait donc indiquer de règle uniforme applicable. Il résulte cependant de l'étude des faits, un certain nombre de déductions et de principes succeptibles d'éclairer les administrations locales dans leurs efforts pour combattre le mal.

Deux sociétés qui s'occupent spécialement de ces questions, la

Les conclusions de cette note se résumaient ainsi :
1° provoquer la création d'ateliers d'assistance surtout en venant en aide aux œuvres privées ; 2° décou-
rager les instincts de vagabondage par l'établissement méthodique d'abris sérieusement organisés ;
3° rendre rigoureux l'internement des mendiants par
l'application de la cellule, la suppression absolue du
vin et du tabac.

Ce sont là les idées le plus généralement adoptées

Société générale des prisons et la Société internationale pour
l'étude des questions d'assistance, se sont réunies pour formuler
dans une note le résultat de leurs travaux. La Commission mixte
constituée à cet effet, m'a chargé de vous adresser cette note en
vous demandant de vouloir bien, si vous le jugez utile, la transmettre, en son nom, aux Conseils généraux et à MM. les préfets.
Elle se met à votre disposition pour dépouiller les délibérations
auxquelles donnera lieu son examen.

» La Commission deviendrait ainsi l'auxiliaire de votre administration, en constituant un centre d'étude et de renseignements où pourraient venir puiser tous ceux qui cherchent la solution de ces graves questions.

» Veuillez agréer.

» Le Président de la Commission, signé : VOISIN. »

Mon administration qui, dans une circulaire du 8 novembre
dernier, a manifesté sa sympathie pour les œuvres d'assistance
par le travail, et qui a invité les autorités préfectorales à encourager ces œuvres, à en faciliter les débuts là où l'on s'efforçerait
d'en constituer de nouvelles ; à en développer l'action là où elles
existent déjà, ne peut voir qu'avec bienveillance l'initiative prise
par la Société générale des prisons et la Société internationale
pour l'étude des questions d'assistance auprès des assemblées
départementales, afin de les engager dans la même voie, à l'effet
de venir en aide, sous cette forme intelligente, aux valides de
bonne volonté.

Vous voudrez bien, Monsieur le Préfet, me faire parvenir après
la session, les délibérations que le Conseil général aura émises
sur cette question ; vous y joindrez vos appréciations personnelles.

Recevez, etc,

à l'heure actuelle et qui paraissent avoir été accep-
tées comme principes d'une théorie fondamentale,
dont il n'y a plus qu'à rechercher l'application pratique.

Nous ne saurions cependant les admettre comme
des axiomes, car nous estimons qu'elles donnent lieu
à de sérieuses objections, notamment en ce qui concerne l'établissement des abris et le mode d'internement des mendiants.

Ces objections nous sont suggérées par les
difficultés de mise en pratique et aussi par les
résultats qui n'ont pas toujours répondu aux espérances.

Nous devons cependant constater que le programme
tracé par la Commission mixte a reçu le meilleur
accueil d'un grand nombre de Conseils généraux
dont quelques-uns ont pris des résolutions confor-
mes aux indications contenues dans la note de la Commission mixte. La plupart il est vrai se sont bornés à
formuler des vœux platoniques, à témoigner de leur
sympathie pour l'œuvre entreprise.

Nous trouvons cependant dans les diverses délibérations qui ont été prises quelques vues nouvelles,
parfois originales, parfois aussi des critiques des
moyens proposés.

En somme la consultation provoquée par la note
équivaut à une enquête qui nous permet de connaître
les diverses opinions actuellement professées dans
les assemblées départementales sur la question qui
nous occupe. Nous allons exposer sommairement

celles de ces opinions qui nous paraissent présenter le plus d'intérêt :

Allier. — La Commission estime que la création d'ateliers de travail serait très utile dans les communes où il y a toujours des chemins à entretenir et des fossés à faire ; les prestations ne suffisant généralement pas pour ce dernier travail qui peut être fait l'hiver (1).

Doubs. — Le Conseil émet un vœu favorable à un projet de loi élaboré par le Conseil général du Puy-de-Dôme où il est dit que dans chaque circonscription de cour d'appel, il sera créé une maison de refuge ou colonie agricole où seront internés les individus visés par les dispositions de la loi.

Eure-et-Loir. — Le Conseil considérant que le dépôt départemental de mendicité tel qu'il est organisé ne répond plus à l'intention du législateur, modifie l'article premier de ce règlement de manière :

1° A admettre après enquête, dans un quartier spécial, les indigents momentanément sans ouvrage et dénués de toutes ressources ;

2° A joindre à l'établissement un bureau de placement gratuit.

Le Conseil signale à l'attention de l'administration départementale l'intérêt qu'il y aurait à ouvrir des souscriptions en vue d'une organisation rationnelle

(1) Délibération du Conseil général, avril 1895.

de secours afin de remplacer l'aumône aveugle et la fausse philanthropie par l'établissement de maisons de travail.

L'*Indre* et l'*Isère* réclament l'application générale du régime cellulaire.

Loire. — Le Conseil propose d'adresser à la Commission des deux sociétés parisiennes un rapport déposé en avril 1893 qui concluait :

1° A fournir à la justice un moyen de poursuivre et de condamner les délinquants par l'institution de l'instrument de la répression qui est le dépôt de mendicité ;

2° A solliciter des mesures législatives contre un certain colportage qui est le prétexte des vagabonds à la recherche du crime ;

3° A établir un système d'assistance par le travail et par le secours, lequel serait constitué par les communes chargées chacune de leurs mendiants et de leurs vagabonds qui leur seraient ramenés.

Loiret. — Le Conseil pense qu'il serait important de créer une maison de travail où les travailleurs pourraient en trouver temporairement sans être réduits à mendier. L'Etat devrait subvenir dans une large mesure aux frais de ces maisons de travail, auprès desquelles serait institué un comité de patronage devant aider les assistés à trouver de l'ouvrage.

Il est d'avis d'établir des abris à distance convenable sur les principales lignes de parcours des che-

minaux. Le Conseil estime en outre que l'emprisonnement ne peut exercer d'influence utile que s'il est
subi en cellule.

Haute-Marne. — Le préfet est invité à insérer
au bulletin des actes administratifs un résumé de la
note soumise aux délibérations du Conseil. La Commission signale l'insuffisance de la répression et
demande que le gouvernement étudie et propose une
loi qui, s'inspirant de la législation belge, donne aux
juges de paix le pouvoir de statuer dans les vingt-
quatre heures et sans appel sur les vagabonds incorrigibles et de les interner en prison cellulaire.

Meurthe-et-Moselle. — La Commission pense que
le mode le plus sûr de faire disparaître la mendicité,
serait d'obliger chaque commune à nourrir ses pauvres. On ne permettrait plus aux parents d'envoyer
leurs enfants de porte en porte. La police ferait res-
pecter rigoureusement les arrêtés contre la mendicité.

Pour soulager les miséreux dans chaque commune, il faudrait fonder des sociétés de personnes
charitables qui visiteraient les indigents, leur distri-
bueraient des vivres, des vêtements et leur procure-
raient du travail.

Puy-de-Dôme. — Le Conseil émet l'avis que le
département ne saurait accomplir à ses risques et
périls certaines réformes, créer certains établissements comme ceux indiqués par la note de

M. Voisin. Mais ayant remarqué que les vagabonds s'éloignent du rayon des prisons cellulaires, il se montre disposé à organiser à bref délai pour cette clientèle particulière le régime de l'isolement.

Haut-Rhin. — Le Conseil émet le vœu qu'un office central soit établi par région après entente entre plusieurs départements reliés déjà par un intérêt commun.

Cet office aurait pour objet de dresser la liste des indigents qui font appel à la charité, de déterminer les diverses catégories auxquelles ils appartiennent et le traitement qui doit leur être appliqué, d'organiser l'assistance par le travail pour les indigents valides, d'utiliser toutes les ressources charitables pour les indigents invalides.

Saône-et-Loire. — La note de M. Voisin a donné lieu en Saône-et-Loire à une étude très complète de la question. Dans un rapport présenté par M. Mauchamps, les divers systèmes pratiqués à l'étranger sont examinés et le Conseil en adopte des conclusions où nous trouvons :

1° L'obligation pour tout ouvrier quittant son domicile légal de se procurer à son départ un livret d'identité contenant son état civil, sa profession, son signalement, sa photographie ;

2° La création de gîtes d'étapes distants de vingt-cinq à trente kilomètres, où le voyageur indigent porteur de son livret, trouverait l'abri pour une nuit

4

et deux repas au plus en échange d'un travail de six heures en été et cinq heures en hiver. Le livret serait conservé pour lui être remis et visé à son départ.

Le nombre des gîtes d'étape serait limité à six consécutifs et à soixante par an.

Ces limites atteintes, si l'ouvrier indigent n'avait pas trouvé de travail, il devrait en faire la déclaration à la sous-préfecture la plus voisine qui le rapatrierait au chef-lieu de son département et aux frais de l'Etat, sauf recours.

Toute infraction à ces dispositions serait, suivant le cas, déférée au tribunal compétent et punie suivant la loi.

Le Conseil recommande de s'abstenir de faire l'aumône à des inconnus, cette aumône étant la seule ressource du vagabondage professionnel qu'il faut poursuivre et réprimer.

Le vagabond valide n'ayant pas de livret d'identité, celui qui étant sans ressources et sans travail depuis huit jours à partir du dernier visa de son livret, persisterait à voyager, celui enfin reconnu vivant habituellement de mendicité serait considéré comme vagabond et puni comme tel, sans préjudice des circonstances aggravantes du délit.

Pour ceux-là, après une première condamnation à la prison, il y aurait lieu d'employer des mesures très rigoureuses contre les récidivistes, qui pourraient être condamnés à une peine d'emprisonnement, avec régime alimentaire au pain et à l'eau, la

literie remplacée par une planche et un oreiller avec
ou sans couverture suivant la saison.

A l'expiration de cette peine, le condamné serait
envoyé dans une des maisons de travail forcé que
l'Etat ferait établir dans chaque circonscription pénitentiaire.

Un certain nombre de récidives pourrait entraîner
la déportation dans une colonie.

Vaucluse. — Le Conseil général décide de nommer
une commission de cinq membres ayant mission de
rechercher quel est le mode d'assistance le plus profitable au département, en lui conservant son caractère d'assistance par le travail (1).

Vosges. — Il a été créé dans ce département, une
société départementale d'assistance par le travail,
dont le but est de venir en aide aux ouvriers nécessiteux qui montrent le désir sincère de se procurer, par
leur travail, des moyens honnêtes d'existence.

La protection s'étend en outre aux libérés des prisons départementales et aux enfants mineurs de
seize ans dont la conduite aurait attiré l'intervention
de la justice et qui seraient jugés dignes d'intérêt. Le
Conseil, tout en assurant la société privée de ses
sympathies, réserve la question d'un concours pécu-
niaire du département. Il estime que l'assistance par
le travail ne doit être considérée que non comme une

(1) L'assistance par le travail a été organisée en Vaucluse
en 1897.

institution de secours, de charité privée et comme une institution d'assistance publique soit d'Etat, soit départementale. Sous cette forme elle a été souvent tentée, n'a produit que les plus funestes résultats et n'a jamais eu qu'une durée éphémère.

Tel est succinctement résumé l'ensemble des avis favorables émis lors de l'enquête provoquée dans toute la France par la note de la Commission mixte. Nous devons pour les compléter indiquer les quelques départements où les Conseils généraux n'ont pas cru devoir s'associer aux vues qui leur étaient soumises.

Creuse. — Le Conseil considère que la création d'ateliers d'assistance et d'abris communaux sont des moyens illusoires; que l'établissement d'abris constituerait plutôt un encouragement donné au vagabondage qu'un moyen de le faire disparaître. Cette institution aurait le même résultat que les secours de route qui ne contribuent le plus souvent qu'à procurer aux vagabonds le moyen de continuer leur existence nomade.

Dordogne. — Le Conseil estime que c'est au gouvernement qu'incombe le soin de prendre l'initiative d'une étude préalable destinée à rechercher et à arrêter les mesures propres à remédier à cet état de choses. Les départements, sans action commune, sans direction unique, divisés d'ailleurs sur les solutions à admettre et les moyens à employer, ne pourraient recourir qu'à des réformes particulières condamnées d'avance à l'impuissance. Le département ne pourrait que voter une subvention à une société d'assistance chargée d'établir des asiles ou abris communaux, mesure absolument insuffisante.

Il invite le gouvernement a prendre le plus tôt possible l'initiative de la création d'établissements d'assistance ressemblant à ceux qui fonctionnent à l'étranger. Il demande que la législation pénale relative au vagabondage et à la mendicité soit modifiée, de manière à appliquer un traitement différent aux trois catégories jusqu'ici confondues. Il se déclare prêt à faire tous les sacrifices utiles en attendant le vote des lois qui auront pour effet de rendre obligatoires certaines dépenses à répartir entre l'Etat, le département et les communes.

Eure. — Le Conseil général repousse la proposition de la Commission tendant à créer des abris communaux par une entente avec les communes voisines.

Si l'on veut développer le vagabondage, dit un des membres, il n'y a qu'à créer des refuges comme on le propose.

Haute-Garonne. — Le Conseil exprime l'avis que les abris communaux peuvent créer des dangers pour la santé publique et encourager les périgrinations incessantes des cheminaux.

La partie la plus pratique de la note de M. Voisin lui paraît être la création d'œuvres d'assistance par le travail par l'initiative privée.

Jura. — Favorable à l'assistance par le travail, le Conseil général du Jura repousse l'emprisonnement cellulaire dans la crainte qu'il ne développe des troubles cérébraux chez le détenu. Il pense que la répression serait plus effective et plus humaine si les vagabonds professionnels étaient réellement astreints au travail et si les tribunaux pouvaient prononcer contre eux la peine des travaux publics, subie soit en France, soit aux colonies, suivant le nombre des condamnations prononcées.

En cas d'envoi aux colonies, des concessions pourraient être accordées.

Orne. — La Commission témoigne de sa sympathie à l'ensemble du projet exposé dans la note de M. Voisin, mais elle estime que toutes les mesures proposées ne sont pas d'une réalisation immédiate dans le département.

Il résulte de cet exposé, que des trois principes indiqués par la note de M. Voisin, il en est un seul, l'assistance par le travail, sur lequel tout le monde est d'accord, malgré les divergences qui existent sur la manière de le mettre en pratique.

Avant de rechercher le système qui nous paraîtra le meilleur, nous examinerons, dans le cours de notre travail, quel accueil doit être réservé et quelles applications peuvent recevoir les deux dernières propositions.

Nous avons déjà regretté que le Code pénal ne fît

aucune distinction entre les vagabonds accidentels et les vagabonds professionnels; mais, avant de commencer l'étude des moyens à employer, il importe d'établir cette distinction dans laquelle réside le nœud de la question.

Il résulte de ce que nous avons dit en exposant les dangers du vagabondage, aussi bien que des diverses mesures successivement appliquées depuis des siècles pour y remédier, que toute législation rationnelle sur la matière doit commencer par faire trois classes de mendiants et vagabonds : les indigents infirmes ou invalides, les mendiants et vagabonds d'occasion, les mendiants et vagabonds professionnels.

A ces trois catégories doivent correspondre trois traitements différents :

Pour les premiers, il faut le secours à l'hospice ou à l'hôpital, tant que l'impossibilité de travail existe;

Pour les seconds, les mendiants occasionnels, il faut, sous toutes ses formes avec l'infinie variété des solutions que cherche et trouve la charité publique et privée, l'assistance par le travail;

Pour les troisièmes, les récidivistes, ce qui s'impose, c'est la répression, la prison cellulaire ou la maison de travail suivant les cas, et, au besoin, la relégation.

Donc, en principe, assistance et protection aux malheureux dignes de sympathie et de pitié, travail rendu obligatoire et emprisonnement aux malheureux indignes. Voilà notre thèse !

En théorie le problème se pose dans des conditions très simples. L'application en est plus difficile; les deux dernières catégories de vagabonds ne sont pas tellement tranchées qu'il ne puisse y avoir doute ; l'assistance par le travail aux valides présente de sérieuses difficultés, et la répression, pour être réellement efficace, exige des conditions qui ne sont encore qu'à l'état d'exception.

Nous savons que c'est dans l'assistance préalable que la répression puise sa force, et bien que le Code pénal n'ait pas maintenu le principe du droit à l'assistance posé dans la loi du 24 vendémiaire an II, nous savons que dans l'esprit du législateur de 1810, une véritable peine ne pouvait être appliquée si des moyens de secours n'avaient pas été prévus. Il paraît donc rationnel de nous occuper tout d'abord des moyens préventifs.

Nous ferons observer toutefois que dans la pratique les premières mesures à prendre seront de déblayer le terrain de la foule des professionnels qui ne manqueraient pas de venir envahir les établissements préventifs d'assistance et d'en paralyser la bienfaisante action.

A cet égard l'exemple de l'étranger peut nous servir de leçon. Partout où on a commencé par une répression efficace, le vagabondage a notablement diminué; là, au contraire où on a créé préalablement des établissements d'assistance, les professionnels en ont éloigné les vrais travailleurs et l'œuvre s'est trouvée compromise.

CHAPITRE III

Mesures préventives

Le droit de répression implique nécessairement une organisation des moyens préventifs. L'action pénale ne doit s'exercer que lorsque le devoir social est rempli. On ne pourra punir pour mendicité ou vagabondage un malheureux sans travail que s'il a refusé de travailler. « Supprimez l'assistance, dit M. Charles Dupuy, la mendicité n'est pas plus reprochable que la faim ; créez l'assistance sérieuse, alors la mendicité est une habitude coupable comme la fainéantise dont elle procède et punissable comme un dissolvant social. »

C'est pourquoi, en même temps que les réformes législatives tendant à une répression plus efficace, il nous faut organiser un mode d'assistance, qui permettra au juge de distinguer le pauvre digne d'intérêt de celui contre lequel il doit sévir, qui permettra (et c'est là son seul but principal, sa première raison d'être) de supprimer les causes les plus fréquentes du vagabondage et de la mendicité qui sont la misère et le dénuement.

Nous serons bien près de voir disparaître complètement le mal que nous voulons guérir, quand nous aurons trouvé dans une organisation complète de l'assistance, les instructions qui appliqueront à chaque catégorie de pauvres le régime qui leur convient. A ce moment la répression deviendra sans objet. Pour atteindre le résultat que nous souhaitons ce ne sera pas de trop que de faire appel à toutes les initiatives, à toutes les bonnes volontés.

Par une entente intelligente entre la charité officielle et la charité privée, on pourra réunir l'ensemble des mesures qui répondront à tous les besoins.

Il n'y a pas de pays où la charité soit plus développée qu'en France et cependant elle n'y est pas exercée sous la forme la plus noble qui est l'assistance par le travail. Dans le but de combler cette lacune regrettable dans une organisation de l'assistance publique comme la nôtre, le Ministre de l'Intérieur, par une circulaire en date du 8 novembre 1894, recommandait aux préfets de favoriser et d'encourager les œuvres d'assistance par le travail. Ces instructions n'étaient pas superflues car, à de très rares exceptions près, dues pour la plupart à l'initiative privée, nous n'avons pas de maisons de secours comme il en existe à l'étranger où le pauvre est sûr de trouver les choses essentielles à la vie, pourvu qu'il prouve qu'il n'est pas un fainéant voulant vivre sur le commun.

Chez nous la charité est un peu gaspillée, si nous pouvons nous exprimer ainsi, et, dans de telles conditions, ses effets sont parfois déplorables. Sous forme d'aumônes, des sommes considérables sont distribuées chaque jour par des âmes charitables à des mendiants plus ou moins intéressants. Nous réprouvons ce genre de charité qui enlève au malheureux tout sentiment de dignité, l'habituant à vivre dans l'oisiveté. Nous le réprouvons surtout parce que, pratiqué sans discernement, il multiplie le nombre des mendiants valides mais paresseux qui deviennent pauvres pour vivre sans rien faire, escomptant l'aumône qui est la rente du pauvre.

Tout autre serait le résultat si, au lieu de se répandre en libéralités individuelles, l'argent des personnes charitables était centralisé et judicieusement employé.

Le droit à l'assistance proclamé par la Révolution ne doit être appliqué qu'aux malheureux qui en sont réellement dignes.

A l'heure présente, pour en faire bénéficier tous ceux qui peuvent légalement y prétendre, il s'agit moins de créer des ressources nouvelles que de répartir équitablement celles qui sont actuellement consacrées à soulager la misère et qui ne vont pas toujours à leur véritable destination.

Nous avons organisé dans notre administration de l'assistance publique à peu près tous les genres de secours. Les secours à domicile aux vieillards invalides font à bon droit l'objet des préoccupations des philanthropes. Une loi est actuellement à l'étude pour en tracer les règles. Des secours à domicile sont donnés par les bureaux de bienfaisance aux pauvres de chaque commune, mais on a paru oublier jusqu'à ce jour les pauvres qui n'ont pas de domicile. On ne s'occupe d'eux que pour les arrêter comme vagabonds et les frapper d'une peine au lieu de les secourir avant qu'ils ne soient complètement dégradés. Ainsi s'explique le nombre considérable de mendiants et vagabonds récidivistes qui encombrent les tribunaux et emplissent nos prisons.

Cette situation qui attire depuis longtemps l'attention des penseurs a fait l'objet d'un vœu émis par le congrès de Rouen en 1897. « Le congrès, considérant que dans la population nomade il y a une portion très grande d'individus atteints par la misère et le chômage en quête de travail et réellement dignes de compassion, émet le vœu que dans l'intérêt du nomade, comme dans celui de la Société elle-même, le Parlement et les pouvoirs publics recherchent les modifications à apporter aux lois relatives au vagabondage et à la mendicité et qu'en même temps on étudie et organise, sur les différents points du territoire, dans les villes et les campagnes, les moyens reconnus les meilleurs pour venir en aide aux nomades malheureux et sans travail, sans que cette assistance puisse devenir un encouragement au vagabondage habituel et à la paresse des mendiants de profession. »

Dans sa séance du 25 février 1898, la Société internationale pour l'étude des questions d'assistance, s'est associée à ce vœu dans les termes suivants :

« La Société internationale pour l'étude des questions d'assistance, considérant la nécessité d'organiser au plus tôt la répression du vagabondage et de la mendicité et l'assistance par le travail des nomades honnêtes, s'associe au vœu émis à cet égard par le congrès de Rouen en 1897, et décide que cette résolution sera portée par les soins du bureau à la connaissance de M. le Ministre de l'Intérieur (1). »

C'est donc aujourd'hui une opinion généralement admise qu'il y a deux parts à faire dans les ressources dont nous disposons pour les secours. Une part très large à l'assistance à domicile, une part aux nomades momentanément sans domicile. Pour atteindre le but poursuivi il nous faut créer des établissements analogues à ceux qui existent partout où l'assistance est bien organisée. Il faut établir des refuges où les pauvres valides qni n'ont pas de gîte, trouveront abri et nourriture moyennant travail. (Les invalides sans domicile devant toujours être hospitalisés.)

S'il est indispensable d'appliquer sous ses formes diverses l'assistance à domicile, il ne l'est pas moins de donner un autre abri que la prison à des gens momentanément sans asile et sans pain, afin que ces malheureux ne deviennent pas des malfaiteurs. Quand nous aurons organisé la maison de secours où le travail sera obligatoire, le pauvre pourra toujours y recevoir, en attendant mieux, la nourriture et le gîte moyennant une certaine somme de travail. S'il néglige d'y venir, s'il préfère vivre de mendicité ou de vagabondage, nous aurons alors le droit de lui faire comprendre que nul ne peut prétendre à vivre aux dépens de la communauté. Et la Société pourra se montrer sévère contre ce membre oisif et paresseux.

(1) Congrès de Rouen, 1897.

En France nous n'avons pas d'institutions nous permettant de distinguer d'une façon pratique entre les vrais pauvres et les paresseux. C'est pourquoi, il nous semble utile de chercher dans la législation étrangère des indications qui nous permettront de montrer que cette distinction est possible, et qu'elle offre à la Société le moyen de faire la part de l'assistance et celle de la répression.

Sans chercher à copier les institutions étrangères qui, pour la plupart, ne s'harmoniseraient pas avec nos mœurs et ne pourraient s'adapter telles quelles à nos habitudes, nous voulons essayer de dégager des principes qui, s'offrant à nous avec la sanction de l'expérience, nous permettront de trouver des indications précieuses sur les mesures que nous pourrons prendre nous mêmes en tenant compte de notre caractère national et de notre esprit de législation.

Angleterre. — Personne n'ignore au moins le nom des Workhouses, établissements qui résument toute l'assistance en Angleterre. Leur fondation a eu pour but l'application de ce double principe que tout malheureux a le droit d'être immédiatement secouru, mais à la condition de gagner par le travail, la nourriture, l'abri et le vêtement, qui ne doivent jamais lui être refusés.

Voici comment la loi anglaise a réglé l'application de ce double principe : chaque contribuable paye la taxe dite droit des pauvres. Grâce à cette ressource budgétaire, les paroisses sont obligées de secourir tous leurs pauvres. Pour leur permettre de faire face à ce devoir imposé par la loi, le législateur les a autorisées à s'associer entre elles et à former des « unions ».

Le moyen pratique adopté par les paroisses ou les unions c'est le Workhouse dont l'organisation répond à tous les besoins. Les familles aussi bien que les individus, peuvent y être admises à toute époque, à toute heure du jour et de la nuit, à toute réquisition.

Pour être admis dans le Workhouse, il suffit d'adresser une demande au Conseil d'administration ; celui-ci prononce à l'une de ses prochaines sessions l'admission définitive ; mais en attendant cette décision, l'admission provisoire doit être immédiatement accordée par l'employé le plus haut en grade, présent, et, en cas d'absence d'employés, c'est le concierge qui a le devoir de procéder à cette admission provisoire et immédiate.

Au cas où le Workhouse ne disposerait d'aucune place vacante, le distributeur de secours a l'obligation dans la journée même de procurer aux frais de l'établissement un peu de nourriture au solliciteur.

Il est bon de remarquer que le séjour au Workhouse n'est pas limité. On peut y passer une nuit, quelques jours, même quelques années.

L'autorisation de séjour la plus longue accordée par l'administration est de six mois, mais elle peut être renouvelée indéfiniment.

On quitte le Workhouse aussi facilement qu'on y entre, à la seule condition d'avertir de son intention.

Les permissions se donnent pour aller voir sa famille, chercher de l'ouvrage. Personne ne peut être chassé, si ce n'est par le Conseil d'administration, ni retenu malgré lui.

Le travail y est rigoureusement obligatoire pour tous, même pour les personnes n'y séjournant qu'une nuit. Dans ce cas on emploie ces passagers à casser un certain nombre de mètres cubes de pierres ou bien à éplucher quelques livres d'étoupe.

Tout pauvre, quel qu'il soit, a droit à l'admission dans la Maison de travail. Il lui suffit de consentir à travailler.

On voit donc que toutes les mesures sont prises pour combattre énergiquement la paresse et empê-cher le pauvre de céder à la tentation de vivre aux dépens de la charité publique.

Ajoutons que les paroisses sont tenues à des secours à domicile pour les personnes dont la gêne n'est que momentanée. On a fait observer que ces secours étaient moins chers que ceux donnés dans le Workhouse. En réalité, ils sont plus onéreux pour les contribuables par le fait que les personnes assis-tées à domicile ne donnent souvent rien en échange des secours reçus. Le Workhouse, au contraire, par sa discipline, son régime sévère, l'obligation du tra-vail qu'il impose, écarte les solliciteurs paresseux ; car ce n'est que poussés par une impérieuse nécessité que les pauvres se résignent à y entrer.

Toutefois, cette organisation n'est pas absolument exempte de critiques. La loi anglaise ne considère que l'incapacité de se suffire, sans se demander si celui qu'elle accueille est imprévoyant ou vicieux, aussi arrive-t-il que ceux qu'elle soutient, loin de chercher à se relever s'efforcent de conserver leur qualité de « paupers », de crainte de se voir retirer, avec l'inscription sur la liste d'indigence, la certitude de l'entretien complet.

A cette observation qui était formulée par M. Teissier du Cros au Congrès de 1889 pourraient s'en ajouter d'autres : On trouve dans les Workhouses des familles entières qui font métier de pauvres et fournissent des réserves nombreuses à l'armée du crime.

Les secours à domicile ne sont donnés qu'aux pauvres patentés. Ils ne peuvent pas être employés à aider le solliciteur à se relever, ni à retirer des outils, des ustensiles ou autres objets, d'entre les mains de prêteurs à gage, ni encore à acquérir ou à louer ces mêmes objets ; sauf des vêtements ou de la literie, et en cas de besoin absolu des vivres, du charbon, en un mot des choses de première nécessité (1).

Toute l'assistance publique en Angleterre ne s'adresse qu'aux gens dénués qui sont le plus souvent incapables de se relever moralement et matériellement. Ce système, dans son ensemble, est

(1) Rapport de M. Lock sur les *Charity organisation-society* (Congrès de 1889).

plutôt déprimant que réformateur. L'administration de l'assistance publique se désintéresse des malheureux que des accidents, des circonstances fâcheuses ont mis momentanément dans le besoin ; elle ne s'occupe que des individus complètement tombés dans le paupérisme, laissant à la charité privée le soin de s'occuper de ceux qui ne sont encore que sur le chemin qui y conduit.

Hollande. — Depuis 1818, la Hollande possède des institutions répressives et préventives de vagabondage et de la mendicité. C'est à cette époque que remonte la fondation de la Société néerlandaise de bienfaisance dûe à l'initiative du général-major Jean van den Bosch. Venant après les guerres de l'empire, alors que la misère était très grande, qu'il y avait en Europe des millions d'habitants sans aucuns moyens d'existence, la Société néerlandaise eut pour but de procurer du travail aux pauvres qui en sollicitaient.

Le domaine de Weterbecksloot fut acheté à cet effet. Il était d'une étendue de 600 hectares environ de terres sablonneuses et de bruyères. Au début même, l'établissement eut pour devise significative : « Quiconque ne travaille pas ne mangera pas ». C'était le travail obligatoire pour avoir droit au secours. Ce fut la cause de la prospérité de l'œuvre. Aujourd'hui les domaines de cet établissement contiennent près de 2,600 hectares de terre, possèdent 1,800 habitants. Elles sont divisées en petites fermes dont l'exploitation est confiée aux colons divisés eux-mêmes en deux catégories : les individus et les familles.

Les colons sont surtout occupés à la culture, au jardinage, à l'élevage du bétail, à la fabrication du beurre et du fromage et à l'exploitation des tourbières. On y rencontre aussi des ateliers de tisseurs, de cordonniers, tailleurs, forgerons et autres; l'administration ne fait qu'un léger prélèvement sur le salaire de chaque travailleur.

Ceux qui se sont fait remarquer par leur docilité et leur travail deviennent fermiers et libres et, en cette qualité, ils ont l'entière jouissance de deux hectares et demi de terre moyennant une très minime location.

Mais la permanence des secours a pour conséquence forcée l'infériorité des résultats. Le nombre des nouveaux colons admis chaque année ne dépasse pas deux ou trois cents. Il n'y a pas de place pour tous les malheureux qui souffrent du chômage ; de sorte que la colonie dans les conditions où elle opère est plutôt une entreprise industrielle qu'une véritable institution d'assistance générale par le travail.

L'administration en est d'ailleurs excellente et donne de très beaux résultats.

Grâce à l'activité déployée et aux améliorations successives réalisées dans la culture, la Société a vu s'accroître en quatre ans, de 1878 à 1882, son capital de 50,573 francs. Elle avait reçu pendant ces quatre années en dons et legs, la somme de

141,174 francs. En déduisant de cette somme la plus-value du capital, la dépense de la Société pour l'œuvre se réduit, à 90,600 francs en quatre ans, soit par an 22,625 francs. Ainsi toute dépense payée y compris celle des 570 élèves dans les écoles, dont chaque année une moyenne de 45, égale à la moyenne des naissances, sont placés et se suffisent à eux-mêmes, la Société a dépensé par an, pour faire vivre 1,800 personnes avec tous les éléments complets, d'une bonne installation sociale, la faible somme de 22,625 francs. C'est là, il faut le reconnaître, une solution ingénieuse du problème que la Société s'est chargée de résoudre par le premier article de ses statuts : « Contribuer à améliorer la situation de la classe du pauvre. » Il serait à désirer qu'elle puisse répondre à toutes les misères et à toutes les infor-tunes. Dans les conditions actuelles elle résout d'une façon originale mais seulement partielle le problème dont nous cherchons la solution com-plète.

Actuellement elle reçoit, outre les orphelins, les pauvres et les prisonniers libérés qui y viennent d'eux-mêmes chercher un abri.

A côté de cette célèbre colonie, qui moralise le secours donné en en faisant un véritable salaire, la Hollande possède aussi à Amsterdam, une maison des pauvres, où toutes les personnes, qui ne peuvent être assistées à domicile, sont admises après enquêtes faites par des visiteurs au nom du comité des régents, qui statue sur chaque demande ou sur le vu d'un certificat du médecin pour les malades qui sortent des hôpitaux.

Généralement on les retient dans la société aussi longtemps que possible en les secourant à domicile, et ce n'est que lorsqu'il est démontré que ces secours sont insuffisants qu'on les admet à la maison des pauvres. Une fois admis, ils en sortent à leur gré, mais s'ils mendient une fois sortis, ils sont condamnés d'abord à la prison, puis envoyés dans une maison de travail à l'expiration de leur peine pendant un temps plus ou moins long, pour y prendre l'habitude du travail et s'y former un pécule.

Ces maisons de travail sont à Ommerschams et à Veenhuizen. La première de ces deux colonies est à la fois industrielle est agricole. On y réserve les travaux de la terre à ceux des détenus qui les acceptent ou à ceux qui se rendent avant toute condamnation à la maison de travail.

Ommerschams est complétement agricole en y comprenant les métiers annexes de la culture. On y reçoit les hommes de seize à soixante-dix ans. 4.000 places environ permettent de les y garder pendant deux ans, parfois jusqu'à cinq ans, et d'obtenir ainsi avec le temps un résultat appréciable même avec des natures rebelles.

Les résultats obtenus nous paraissent d'autant plus remarquables que les détenus jouissent d'une très grande liberté.

Belgique. — Nous donnerons dans le chapitre suivant l'économie de la loi belge du 27 novembre 1891 qui est considérée comme le dernier mot de la science pénitenciaire sur la matière. Remarquons maintenant que cette loi qui est intitulée : loi pour la répression du vagabondage et de la mendicité est aussi une loi de prévention et c'est à ce titre que nous la mentionnons ici. Cette loi, en effet, permet de recevoir dans les maisons de refuge où sont internés les condamnés, des hospitalisés volontaires. « Cette organisation, dit M. Deschanel, prête pourtant à la critique, car l'admission des hospitalisés est laissée à l'agrément des communes. »

Suisse. — La Suisse est peut-être avec les Pays-Bas la contrée ou les mendiants sont le plus rares. Non seulement les communes doivent assister leurs administrés pauvres ; mais il existe un grand nombre de bureaux de placements gratuits, des asiles de nuit, des sociétés d'assistance matérielle et morale pour les ouvriers, des sociétés de consommation qui, comme celle de Lausanne, donnent des repas pour 35 centimes et trouvent encore le moyen de réaliser des bénéfices assez élevés, qui permettent de faire une remise de 6 p. % aux consommateurs, sur le montant de leurs achats.

La Suisse possède aussi des cafés de tempérance, des maisons de logement copiées sur les stations allemandes, des asiles de vieillards, des sociétés de placement pour les jeunes filles affiliées à l'Union

internationale des amis de la jeune fille et un grand
nombre d'institutions ayant le même but de bienfaisance et d'utilité publique.

Nous ne voulons pas omettre les bureaux centraux
de bienfaisance et les Associations destinées à réprimer les abus de la mendicité qui méritent une men-
tion toute particulière et auxquels sont annexés des
bureaux de placement bien pourvus qui permettent
de procurer du travail à celui qui se prétend victime
du chômage forcé.

D'après ce qui précède, il est aisé de se rendre
compte qu'en Suisse le vagabondage et la mendicité
ne sont pas excusables, car tout individu est assuré
de recevoir des secours s'il ne peut travailler et du
travail s'il est valide.

Aussi, n'est-il pas étonnant que les législations
cantonnales se soient montrées très sévères pour les
mendiants et vagabonds de profession en prescrivant contre eux un long internement.

Allemagne. — De grands efforts ont été faits en
Allemagne pour arrêter le développement du vagabondage et de la mendicité.

Depuis 1881, près de 2,000 stations de secours en
nature ont été établies sur toute l'étendue du territoire : 250 de ces stations sont dirigées et soutenues
par les associations privées et plus de 1,700 par les
communes et par les cercles.

Elles s'occupent de placer les assistés. La plupart
d'entr'elles (1,200) exigent le travail en échange

du secours (une heure de travail pour 12 centimes et demi de nourriture). Quant aux hospitalisés qui refusent le travail, on les renvoie et on les signale à la police.

Ces 2,000 stations secourent en moyenne par jour 5,400 personnes ce qui donne pour l'année un total de 1,936,091 journées de secours. Les frais quotidiens par tête s'élèvent en moyenne à un franc soit en totalité pour tout l'Empire deux millions de francs. (1)

Au-dessus de ces stations, il y a 24 colonies pour la plupart agricoles. Quelques-unes à la fois agricoles et industrielles dont le programme est celui-ci :

1° Occuper les hommes valides sans travail et désireux d'en trouver jusqu'à ce qu'il soit possible de leur procurer ailleurs des travaux rémunérateurs et par là de les relever.

2° Oter toutes excuses aux mendiants professionnels.

Dans la pensée de leur fondateur, ces colonies doivent être non des colonies d'Etat, ni même des colonies provinciales, mais des établissements de bienfaisance privée soutenus par l'administration.

En 1891 elles ont reçu 50,329 pensionnaires dont le séjour a été en moyenne de 20 jours et au maximum de 4 mois et dont un cinquième environ a quitté la colonie pour se placer.

Ce sont les départs volontaires qui sont de beau-

(1) Rapport de M. Deschanel au Conseil général d'Eure-et-Loir, session d'août 1895.

coup les plus nombreux : chaque colon est libre de quitter la maison quand il lui plaît. Les renvois pour inconduite, ivrognerie, etc., sont rares ; l'ensemble des expulsions n'atteint le pas dixième du chiffre total des départs.

Les colonies sont reliées entr'elles par des comités provinciaux qui constituent eux-mêmes par leurs délégués un comité central.

Cette organisation qui semblait au début devoir fournir de bons résultats n'a pas tenu ce qu'elle promettait.

Tous les établissements hospitaliers que nous avons mentionnés sont envahis par les professionnels qui les exploitent comme ils le font du régime des prisons.

Les stations de secours traversent une crise redoutable dont on ne peut encore prévoir l'issue.

Les villes, les cercles et les provinces leur refusent toute subvention en disant :

Au lieu de nous avoir débarrassé de nos mendiants et de nos vagabonds comme vous l'aviez promis, vous les avez attirés chez nous par vos secours donnés sans contrôle.

Toutefois, si l'effet obtenu n'est pas en proportion des sacrifices faits, nous devons reconnaître qu'il est cependant appréciable et surtout susceptible d'être rendu très apparent par le perfectionnement de l'organisation des institutions précitées.

Autriche. — En Autriche nous trouvons comme en Allemagne les stations de prestation en nature. Le long des grandes routes on a installé des repaires d'auberges dans lesquelles le premier venu a le droit d'entrer. On le nourrit, on le loge, mais en échange on lui demande un travail quelconque : empierrement de la route, déblayage des neiges, travail dans une ferme voisine, etc. L'homme doit travailler en proportion de l'assistance qu'il a reçue.

On dit que le système à réussi. M. Lettmayer, procureur général de Gratz dit : « Les stations de secours en nature poursuivent un double objet : Accorder aux individus cherchant le travail, la nourriture et le logement en échange d'un travail convenable et ensuite tâcher de les placer. »

Etats-Unis. — Aux Etats-Unis les formes de la charité sont ordinairement les mêmes qu'en Angleterre et peuvent donner lieu aux mêmes critiques. Mais les moyens d'assistance y sont si nombreux que le problème du paupérisme n'a pas encore pris les mêmes proportions qu'en Europe.

L'Assistance publique est généralement administrée par les pouvoirs municipaux.

La somme nécessaire aux secours des pauvres fait partie de la cotisation annuelle. Le percepteur des pauvres *The overcer of the poor* est chargé de la distribution des secours qu'il répartit à sa discrétion et sous sa responsabilité. Dans quelques villes, l'assistance doit être précédée d'une enquête préalable, dans d'autres, les hommes valides qui demandent des secours sont soumis à un travail dont le prix est réglé de manière à les contraindre à chercher une occupation plus rémunératrice; très souvent l'aide gouvernemental est sans restriction.

La ville de New-York a sa maison des pauvres, mais on n'y fait que passer. C'est une sorte de dépôt de mendicité. Tous les mendiants que l'on rencontre dans les rues y sont conduits. La mendicité et le vagabondage sont rigoureusement interdits dans la ville.

Les mendiants et les vagabonds condamnés sont distribués, suivant la durée de leur peine, dans les diverses maisons de travail. Ceux qui sont condamnés à dix jours vont dans une maison de travail appelée Belle-Vue. Ceux qui sont condamnés à un mois vont dans une maison de travail appelée la Charité. Enfin les condamnés à trois mois et plus vont subir leur peine aux Workhouses de Ramtall et de de Hart'S'Island.

Ces divers établissements sont situés en dehors de New-York. Un travail rigoureux y est rendu obligatoire. C'est le Workhouse de Randall qui est le plus important. Il contient à peu près 1,000 personnes. Les hommes y sont occupés aux travaux des champs, les femmes au blanchissage pour la ville. On procure du travail au plus grand nombre à leur sortie.

Cette organisation énergique a amené une diminution très sensible dans le nombre des pauvres valides. Ceci est l'œuvre officielle, mais un grand nombre de sociétés privées travaillent à côté de la municipalité. On en compte 79 qui viennent en aide à l'indigence.

Ces 38 sociétés ont secouru dans l'année 1882, 93,771 personnes et dépensé près de un million.

En résumé, tout indigent a le droit d'entrer dans la Maison des pauvres, mais s'il en sort et s'il mendie il est puni sévèrement.

En première ligne des sociétés privées figure la Charity Organisation Sociéty qui, fondée en 1877, comme son nom l'indique, s'efforce de coordonner dans un même ensemble de travail toutes les agences charitables qui existent dans la ville.

Le principe fondamental de la « Charity Organisation » écrit M. Bosenau, secrétaire de la « Charity Organisation Sociéty de Buffalo » est qu'en donnant un secours on doit tenir compte du bien-être de la Communauté entière et que le secours doit être administré d'une telle manière que l'effet en sera le renforcement des abnégations morales, soit envers la famille, soit envers la Société, chez ceux qui bénéficieront de l'assistance. « Charity Organisation » comprend donc une enquête si soigneuse sur la situation des pauvres qu'elle découvre, la cause de la pauvreté et l'application de telles mesures réparatrices, que la pauvreté sera tout à fait supprimée.

Partant de ce principe qu'il ne faut rien donner aux mendiants jusqu'à ce que leur situation soit soumise à l'investigation, la Sociéty fait une enquête, non seulement pour s'opposer à la distribution des

secours aux imposteurs, qui ont pris l'habitude de
vivre aux dépens de l'aumône publique, mais aussi
pour découvrir quel genre de secours sera le meilleur pour mettre le postulant en mesure de se soute-
nir lui-même.

Depuis sa fondation, la Société a fait faire un grand
progrès à l'assistance officielle. De ce côté la valeur
de son action est considérable. Quelques chiffres en
donneront une idée : Pendant les années 1878 et
1879 la ville avait secouru 763 familles; à la fin de
1879, on n'en comptait plus que 458 adressant des
demandes de secours et en 1887 il n'en restait
que 81.

La supériorité de Charity Organisation anglaise et
américaine a été solennellement proclamée en 1889
au Congrès de Paris, qui en a recommandé l'organisation, tant au point de vue social et moral, qu'au
point de vue financier.

Mesures à prendre en France

Les exemples que nous venons de donner, que
nous aurions pu faire plus nombreux, nous montrent que partout c'est dans l'assistance par le travail que l'on cherche la solution de la question du
vagabondage et de la mendicité.

Les résultats n'ont pas été partout les mêmes.
Très bon dans les petits pays, ils le sont moins dans
les grands.

Quoi qu'il en soit, ces exemples sont assez concluants pour nous montrer qu'il existe chez nous une lacune que nous devons nous efforcer de combler.

Comme en cette matière, aussi bien qu'en toutes choses, il faut d'abord connaître les causes du mal avant d'appliquer le remède, nous devons examiner quelles sont, à notre époque, les principales causes du vagabondage en France avant de proposer l'adoption d'un régime préventif à l'exemple de ceux pratiqués à l'étranger.

Nous avons déjà indiqué au commencement de cette étude que le chômage en était la source principale : Nous le croyons en effet la cause génératrice qui atténue la responsabilité d'un grand nombre de délinquants, mais d'où découlent d'autres misères que nous devons envisager pour les combattre.

Le chômage, c'est l'oisiveté qui conduit à l'alcoolisme, cause originelle de la dégradation morale d'où découlent tous les vices qui viennent remplacer tous les bons sentiments, y compris ceux que la nature a donnés aux animaux, à tel point que l'on voit des parents abandonner leurs enfants, ou ce qui est encore pire, les vendre.

Qui n'a pas vu dans les grandes villes les petits mendiants livrés à eux-mêmes se nourrissant comme ils le peuvent, couchant n'importe où, n'apprenant aucun métier et arrivant à l'âge d'homme sans avoir pris aucune habitude du travail. Ceux-là sont fatalement destinés à faire des vagabonds incorrigibles. Le service militaire ne suffit même pas à leur donner des habitudes de discipline et en remontant à l'ori-

gine des condamnations pour vagabondage et mendicité, on découvre souvent des ventes d'effets militaires qui démontrent que le futur vagabond a commencé par être un mauvais soldat. C'est donc sur
l'enfance que devront porter avec force une grande
partie des mesures préventives.

Nous savons que le législateur a déjà fait beaucoup
dans ce sens ; mais les lois ne sont pas toujours appliquées, telle cette prévoyante loi de 1889 sur les
enfants moralement abandonnés. Nous réclamerons
des mesures administratives énergiques pour l'application étroite des mesures de protection prises en
faveur de l'enfance.

C'est en s'appliquant dès leur jeune âge à empêcher leurs mauvais instincts de naître et se développer
que l'on obtiendra des résultats efficaces, bien plus
certains que ceux que pourront nous donner les
moyens répressifs les plus sévères, tels que l'emprisonnement cellulaire même.

Que ne pouvons nous moraliser toute une généra-
tion de ces petits malheureux !

Ce serait le meilleur moyen de réduire pour de
longues années à une quantité infime le nombre des
déshérités, car l'homme instruit et moralisé ne perd
pas volontiers la situation acquise et fait toujours
tous ses efforts pour améliorer sa condition. Les
malheureux au contraire qui n'ont rien à espérer, se
laissent aller jusqu'au dernier degré de la misère
sans trouver en eux le moindre agent de réaction.

La question de la moralisation de l'enfance est à

la fois une question de solidarité humaine et de préservation sociale, car l'expérience démontre que les jeunes vagabonds sont les plus dangereux et les plus réfractaires.

Avec le chômage, la maladie se place au premier rang dans les causes du vagabondage. Que devient le père de famille qui sort de l'hôpital encore affaibli, convalescent? souvent la place qu'il occupait à l'atelier a été prise par un autre. S'il la retrouve, il ne pourra remplir, comme par le passé, la tâche qui lui était imposée : ses patrons n'ont pas toujours le cœur ouvert à la pitié, ni la possibilité d'être charitables ; ils le renverront ou diminueront son salaire. Alors les économies finissent par s'épuiser ; plus de pain à la maison, plus de travail en perspective, l'avenir apparaît sous les couleurs les plus sombres, l'ivresse seule est capable de l'éclairer momentanément ; le malheureux y cherche l'oubli de ses peines, puis un jour arrive où il ne peut pas payer son loyer.

La famille entière est jetée à la rue et les enfants abandonnés à eux-mêmes sont destinés fatalement à grossir l'armée des vagabonds, des paresseux, des incapables.

Au congrès d'assistance de 1889, le représentant de la ligue Néphalienne de Londres fit connaître que d'après les renseignements fournis par les directeurs des maisons de travail 75 p. % des cas d'indigence, criminalité, d'aliénation mentale et d'imbécillité étaient dus à l'alcoolisme.

A côté de ces causes primordiales, il en est d'autres qui, d'une façon moins directe, contribuent aussi au recrutement du vagabondage. Nous devons citer l'attrait fascinateur exercé par les grandes villes sur les populations des campagnes. Mais quelles cruelles déceptions n'attendent pas généralement ceux qui se laissent attirer par le plus trompeur des mirages ?

Citons encore ceux qui par incapacité ou par malechance, par fainéantise parfois et par mauvais instinct souvent, ne peuvent réaliser un gain suffisant pour subvenir à leurs besoins et à ceux de leur famille.

A ceux-là, les secours de l'assistance publique et privée ne sont qu'une prime donnée à leur imprévoyance ou à leur paresse. Ils ne font bien souvent que hâter leur déchéance. Quand le pauvre secouru a sa place régulièrement, semaine par semaine, dans la catégorie des bénéficiaires des secours, l'amour-propre s'affaiblit, la honte se perd, tout esprit de dignité et d'indépendance disparaît, l'oisiveté remplace le vice, et il devient un mendiant incorrigible.

A ces causes il est bon d'ajouter l'aumône faite sans enquête qui est un encouragement à la mendicité.

Ces quelques mots sur les causes du vagabondage et de la mendicité suffisent à nous montrer que les moyens préventifs à appliquer aux vagabonds doivent évidemment varier suivant les individus auxquels on s'adresse.

S'agit-il des invalides ou des mineurs de moins de 16 ans, il faut nourrir les premiers, protéger, instruire et moraliser les seconds.

6

S'agit-il d'individus majeurs et valides, nous savons que le salutaire régime du travail est celui qui doit leur être appliqué.

Moyens d'assistance à fournir aux individus valides et majeurs.

On serait coupable d'injustice envers notre temps, si on ne reconnaissait pas tous les efforts tentés par la bienfaisance publique ou privée pour le soulagement des misères de toute nature dont souffrent les malheureux. A elle seule, l'assistance publique à Paris dépense 40 millions et la charité privée rivalise avec la charité publique, non seulement à Paris où elle dépense 20 millions, mais aussi dans la France entière.

Les secours abondants ne sont pas toujours les plus efficaces. Pour les rendre utiles, il faut les distribuer avec discernement.

C'est la charité intelligente qui, seule, contribue au soulagement de la misère. Faite sans un contrôle éclairé, elle ne sert le plus souvent qu'à entretenir la paresse et l'imprévoyance et encourager le désordre et le vice.

De plus, en même temps qu'éclairée, la charité doit être respectueuse de la dignité humaine dans la personne du pauvre honnête.

Partout où elle est bien organisée, elle s'efforce d'offrir au travailleur nécessiteux auquel l'ouvrage fait défaut le moyen de compenser par son travail l'assistance momentanée qu'il reçoit.

Pour aider ainsi l'homme qui est dans le besoin en lui épargnant la dure nécessité de recevoir l'aumône, la charité aujourd'hui se transforme par un autre nom : elle s'appelle l'assistance par le travail.

Or, à notre grand Livre d'Or de la charité publique et privée en France, ce mode le plus digne de la charité manque presque complètement.

Il y a dans les grands centres toute une classe de malheureux dénués de tout, ceux qui le soir n'ont pas eu d'abri, que nos refuges n'ont pu recueillir parce que la place a manqué, et que, de ce fait, nous jetons en prison à Paris. Ils sont arrêtés chaque jour au nombre de plus de 50. Lorsqu'on les trouve errants pendant la nuit, on les conduit à la préfecture de police avec les malfaiteurs. Le lendemain, on les relâche : ils ne sont pas coupables, ils sont sans moyens d'existence ou tout au moins sans ressources ; mais leur dénuement persistant, leur misère extrême qui les laisse sans gîte finit par devenir un délit et ils sont condamnés comme coupables alors qu'ils ne sont que malheureux. Cela est contraire à la justice et aussi à l'intérêt bien entendu de la Société.

Nous sommes donc en présence d'une lacune à combler. L'organisation de l'assistance par le travail, pour être complète, doit être double : premièrement, l'élan devra être donné par les pouvoirs publics en transformant en maisons de secours, les dépôts de mendicité ; deuxièmement, l'initiative communale et l'initiative privée devront faire le reste.

Les *Charity Organisation Society* nous fournissent
à cet égard des indications confirmées par une expérience de vingt années, notamment en ce qui concerne les enquêtes sur la véritable situation des quémandeurs.

Transformation des dépôts de mendicité en maisons de secours

L'idée est celle-ci : établir des maisons hospitalières de secours dans lesquelles on exigerait des
individus qui s'y présenteraient un certain travail et
cela en échange de l'assistance qui leur serait donnée. Le produit de ce travail servirait partie à indemniser l'établissement, partie à former à l'hospitalisé
un pécule de sortie.

Nous avons vu dans l'aperçu historique que l'ordonnance de 1545 envoyait tous les mendiants
valides, sans distinction de sexe, aux travaux de la
ville. Sans remonter aussi loin, nous trouvons sous
Louis XIV une organisation presque complète de
l'assistance par le travail à l'hôpital général créé en
1656.

D'un côté des secours pour les malheureux dignes
de pitié, de l'autre pour les valides, un travail obligatoire approprié à la force physique et aux aptitudes
de chacun donnait lieu à une rémunération déterminée d'avance. L'édit de 1662 étendit les bienfaits de
cette organisation à toute la France. Chaque ville,
chaque bourg important devait avoir son établisse=

ment destiné à recevoir ses pauvres. Comme conséquence, nouvelle défense très expresse de mendier,
obligation aux paroisses d'entretenir leurs pauvres,
de leur procurer du travail. On a fait remarquer, à
l'occasion de cet édit, la similitude qui existe entre
cette législation et celle actuellement appliquée en
Angleterre. C'est une organisation analogue que nous
voudrions introduire aujourd'hui en appropriant les
dispositions d'alors à nos mœurs actuelles et en nous
servant d'expériences acquises pour ne pas nous
heurter aux mêmes écueils qu'autrefois. Ceux qui
entravèrent particulièrement le succés de l'hôpital
général, furent l'insuffisance des travaux offerts,
l'exclusion d'une certaine catégorie de malheureux
tels que les soldats mutilés, qui n'étaient pas reçus à
l'hôpital ; la rébellion des vagabonds qui résistaient
à la force publique ; la continuation des aumônes
que, malgré les édits, distribuaient aux dehors les
personnes charitables ; enfin l'insuffisance des ressources.

C'est encore de l'assistance par le travail que le
législateur de 1808 s'inspira, lorsqu'il résolut de créer
dans tous les départements des dépôts de mendicité.
Le premier fut celui de Villers-Coteret, institué par
décret daté de Madrid dans le château de François Ier.
Un règlement provisoire, qui devait être étendu à
toutes les autres maisons de mendicité, portait que
chaque mendiant valide encore en état de travailler
est obligé au travail qui lui est indiqué. En cas dé
refus, il ne devait recevoir de la maison que le pain,

l'eau et le coucher. Les deux tiers du prix de journée devaient servir à indemniser l'établissement et l'autre tiers devait être mis en réserve pour le compte des hospitalisés et leur servir de pécule au moment de leur sortie.

Nous savons que les dépôts ont perdu leur caractère primitif ; ils ont dévié de l'idée qui avait présidé à leur création et ne répondent plus à la destination qui leur avait été primitivement donnée. L'administration n'y offre pas un abri provisoire, moyennant travail, à l'homme qui en manque ; elle y interne, soit des vieillards, soit des incurables, soit des libérés sortant de prison. C'est un établissement mixte, c'est tout à la fois un hospice et une sorte d'annexe de la prison. Nous y cherchons en vain le travail offert qui était la base même de leur création.

Par la création des maisons de travail obligatoire dont nous avons parlé au chapitre précédent, nous supprimerons forcément, dans les dépôts de mendicité, l'élément des libérés sortant de prison. Il n'y restera donc plus que les vieillards et les incurables. Nous voudrions alors que, revenant à l'idée première, on y construisit un quartier séparé de celui des invalides, des ateliers destinés à procurer du travail aux ouvriers de bonne volonté qui se trouveraient en chômage. Ce serait d'une réalisation relativement facile et peu coûteuse. D'ailleurs dans l'espèce, il ne faudrait pas s'arrêter aux frais que pourrait entraîner l'établissement de cette organisation, car l'Etat, n'ayant plus à entretenir dans les prisons un aussi grand nombre de vagabonds, aurait vite récupéré d'un côté ce qu'il dépenserait de l'autre.

Afin d'éviter que le travail fourni dans ces conditions ne puisse faire une concurrence à l'industrie privée, le salaire devrait être un peu inférieur aux salaires ordinaires des ouvriers, les travaux choisis de manière à ne pas porter ombrage aux industries similaires. Il importerait en même temps, de ne pas réunir dans le même atelier des vagabonds invétérés avec des ouvriers victimes du chômage.

« Il est difficile, dit M. Lock, surtout lorsqu'on occupe beaucoup d'indigents, de faire du travail un agent moralisateur. » Cette difficulté ne saurait nous arrêter.

En Angleterre on emploie les ouvriers sans travail à casser des pierres, à éplucher l'étoupe. Pourquoi n'occuperions-nous pas les pensionnaires des maisons de secours de grandes villes au nettoiement de la voirie, des jardins et des établissements publics. Ceux des maisons de secours des communes rurales aux chemins ruraux ?

Sous le second Empire M. de Magnitot, préfet de la Nièvre, avait dédoublé le dépôt de mendicité de son département. C'était, d'une part, une maison de travail forcé pour les mendiants de profession condamnés par les tribunaux et, d'autre part, une maison hospitalière pour les indigents valides victimes de la misère et du chômage. En vertu d'un traité passé entre la municipalité de Nevers et l'administration du dépôt, des escouades de pensionnaires étaient chargées, chaque matin, du balayage de la ville, d'autres cassaient des cailloux pour l'entretien des routes. Dans la belle saison, ils étaient mis à la disposition des cultivateurs voisins pour la fenaison et les terrassements. Enfin il y avait dans l'établissement des ateliers de tressage de jonc, confection de paillassons, cordages de crins, etc....

Au congrès de l'assistance de 1889, M. Masson a rappelé un essai d'assistance par le travail qui fut tenté en France en 1870, dans le VIII° arrondissement de Paris, alors que dans la ville assiégée, il n'arrivait du dehors que le bruit sinistre du canon allemand, que la population se resserrait, se groupait, se préparant aux plus grands sacrifices, alors que des hommes de positions, d'opinions, de cultes bien différents, animés d'un seul sentiment, d'un seul amour, celui de la patrie, se réunissaient à la mairie en apportant l'offre de leur dévouement personnel (1).

Voici, au rapport de M. Masson, comment la chose se fit :

« Notre caisse, dit-il, fut toujours largement pourvue, aussi les demandes de secours étaient nombreuses et allaient toujours en augmentant. Notre arrondissement n'a jamais eu beaucoup de pauvres, mais il en vint de tous les arrondissements de Paris, il en vint tant que notre mairie n'était plus praticable ; et dans la foule des quémandeurs, où les femmes étaient en grande majorité, il se produisit de fréquents

_____

(1) Congrès international d'assistance 1889.

désordres Parmi ces femmes beaucoup étaient en
état de travailler et de gagner les secours que gratuitement on leur accordait. Or, vers ce même temps,
les soldats de la Mobile et les hommes composant les
bataillons de marche étaient sans cesse exposés aux
rigueurs d'un hiver dont beaucoup de vous peuvent
avoir gardé le souvenir.

« Pourquoi ne ferions-nous pas gagner les secours
que nous donnons à ces ouvrières, en leur faisant
confectionner pour nos défenseurs des ceintures, des
gilets de flanelle et des vareuses bien chaudes ? »

» Telle fut la proposition que nous fîmes au maire
et à ses adjoints qui approuvèrent aussitôt et plusieurs
milliers de francs furent bien vite employés en achat
de flanelle et de molleton ainsi qu'en salaires pour la
coupe et la confection de ces objets.

Depuis lors, comme ce n'est pas la mairie qui pouvait continuer cette œuvre, elle a été reprise par
quelques hommes de bonne volonté du même arrondissement et elle va progressant lentement. »

« L'expérience n'a pas été vaine ; l'assistance par le
travail a donné le jour à un système qui paraît appelé
à fournir toute satisfaction pour connaître la situation des gens qui font appel à la générosité d'autrui.
Des personnes généreuses, qui, depuis plus ou moins
longtemps, assistaient leurs pauvres par des aumônes, demandèrent du travail pour leurs protégés.
C'était du travail à faire chez soi, il arriva qu'une
partie de ce travail ne revint jamais, et quand on
envoya aux renseignements, on ne trouva personne

aux adresses fournies. On demanda alors aux personnes qui recommandaient des ouvrières de garantir les marchandises mises en mains, elles s'étonnèrent de cette proposition ; des pauvres qu'elles connaissaient depuis dix ans ; auxquels elles donnaient tous les mois des secours ! Elles durent cependant se rendre à l'évidence et reconnaître fréquemment qu'elles avaient fait la charité en aveugles et s'étaient laissé duper.

» Il fut alors admis que la Société d'assistance par le travail ferait comme les maisons de commerce qui avant de confier du travail au dehors prennent des informations. Et l'on découvrit ainsi des choses si curieuses que bien des secours furent supprimés. Le service s'organisa d'une façon plus complète au moyen d'un système pratiqué à Genève et qui consiste à la remise d'une carte à tout solliciteur qui vous aborde dans la rue.

» Cette carte était portée au directeur de l'œuvre pour que des informations soient prises sur le solliciteur. Elle était ainsi conçue :

L'ASSISTANCE PAR LE TRAVAIL
34, Rue du Colysée
BUREAU OUVERT DE 3 HEURES A 5 HEURES

Monsieur le Directeur est prié de voir ce qu'il y aurait à faire en faveur de la personne que lui présentera cette carte et de m'en instruire.

N°

» Ces cartes distribuées par des personnes généreuses nous étaient rapportées par les solliciteurs.
L'employait inscrivait sur un registre le nom du porteur de livret et les renseignements qu'il lui plaisait
de fournir sur sa position. Des fiches reproduisant
ces indications étaient confiées à des visiteurs qui
allaient recueillir les renseignements dans le quartier.

» La même organisation renseigne sur les solliciteurs par lettre qui adressent fréquemment la même
requête à dix personnes différentes.»

Les sociétés de charité d'Angleterre et d'Amérique dont on a apprécié les excellents résultats, usent
des mêmes procédés. Nous pensons qu'ils peuvent
être adoptés avec fruit vis-à-vis de tous les mendiants qui, par des moyens divers, font appel à la
charité publique.

Quelques essais d'assistance par le travail ont eu
lieu à Paris et dans quelques départements notamment dans la Marne, dans les départements d'Alger
et de Constantine et tout récemment dans celui d'Eure-
et-Loir. Les mendiants vagabonds sont reçus dans les
maisons de travail et y reçoivent la nourriture et un
petit pécule. A Constantine, on oblige les mendiants
à travailler au moins pendant 15 jours. Avant l'adoption de cette mesure le dépôt était une véritable
hôtellerie départementale gratuite pour les vagabonds qui venaient y coucher et partaient le matin
sans avoir payé la nourriture par aucun travail (1).

(1) Délibération du Conseil municipal de Constantine, 1895.

Enfin le dépôt de mendicité de Courville (Eure-et-Loir) a été transformé partiellement, par les soins de M. le docteur Barthès, inspecteur départemental de l'Assistance publique, en quartier d'assistance par le travail. Voici les renseignements que donne celui-ci sur le bon fonctionnement de cet établissement :

« Au début, tous les condamnés étaient internés au dépôt de mendicité à l'expiration de leur peine et y étaient conduits avec les menottes. Malgré tout ce qu'on a pu faire pour rendre le régime répressif, on a constaté que les résultats étaient nuls et aujourd'hui on n'y envoie plus que les condamnés qui demandent à y être admis à l'expiration de leur peine dans le but de s'y faire un pécule et de trouver ensuite du travail, et les individus arrêtés pour vagabondage ou mendicité paraissant mériter, en raison de leurs antécédents, d'être simplement renvoyés à l'administration. On y reçoit, en outre, les ouvriers sans travail qui demandent leur admission. Les assistés doivent prendre l'engagement de faire le travail qui sera prescrit. Leur séjour ne doit pas dépasser trois mois. Les admissions sont prononcées par le préfet.

179 assistés ont passé dans l'établissement en 1897, dont 173 hommes et 6 femmes.

La moyenne de séjour a été de 84 journées.

Emploi des assistés. — Le total des journées de travail a été de 13.048 ayant produit une valeur de 9.174 francs dont 4.754 francs revenant à l'établissement et 4.420 francs aux assistés. Ces journées se répartissent de la manière suivante :

	Journées	Produit.
Service intérieur	4.023	2.757 fr.
Jardinage, culture, terrassements	4.966	3.172
Cassage de cailloux	412	202
Fabrication de paillons	207	78
Occupés chez les cultivateurs et particuliers	474	1.166
Fabrication de chaussons de tresse	2.769	1.501
Travaux divers	197	258
Gratifications	»	40

La moyenne du produit des journées de travail s'est élevée à 0 fr. 70 dont la moitié revient à l'établissement.

Sortie des assistés. — Au 31 décembre 1897, il restait à l'établissement 46 assistés. Sur les 133 qui étaient sortis pendant l'année :

25 avaient été pourvus de travail ;
9 avaient du travail assuré ;
14 étaient retournés dans leur famille ;
1 avait contracté un engagement militaire ;
12 sortis avant l'expiration de leur temps ;
4 renvoyés pour inconduite ;
8 partis pendant la période d'essai ;

5 avaient été renvoyés ;

5 avaient passé au quartier des hospitalisés.

Origine. — 42 étaient nés dans Eure-et-Loir, 14 dans la Seine, 12 dans la Seine-Inférieure, 3 à l'étranger mais de parents français, les autres dans divers départements.

Situation pénale. — 51 n'avaient pas subi de condamnation ; 29 en avaient subi une ou deux ; 32 de trois à quatre ; 67, six et au-dessus.

En ce qui concerne la discipline il n'y a eu aucun désordre à réprimer, ni à l'intérieur ni au dehors, 3 assistés ont été renvoyés pour être rentrés en état d'ivresse et 1 pour refus de travailler.

Etat physique. — Beaucoup d'assistés se présentent à l'asile affaiblis soit par les privations et la misère, soit par les excès alcooliques. D'autres n'ont pas assez de force de caractère pour rester en place et sont, ils le reconnaissent, misérables par leur faute.

En résumé ces résultats obtenus en 18 mois sont très satisfaisants.

Nous demandons que l'expérience soit généralisée, et que tous les locaux dans lesquels sont installés les dépôts de mendicité actuels soient transformés en maison de travail libre, où les travailleurs dénués trouveront pour eux et leurs familles une assistance aussi complète qu'inépuisable et compatible avec la dignité humaine.

De plus, l'administration de ces maisons hospitalières devra activement s'occuper de trouver au dehors à ses pensionnaires un travail en rapport avec leurs facultés. Ces maisons deviendront ainsi rapidement des bureaux de placements gratuits où se centraliseront les offres et les demandes de bras. Elles nous débarrasseront peut-être alors de ces agences de placement qui sont une vaste exploitation de la misère ; et ce ne sera pas là un résultat à dédaigner.

Bien entendu il serait préférable que chaque département soit pourvu de sa maison de secours, mais la seule transformation des dépôts de mendicité actuellement existants, serait un commencement suffisant, étant donné surtout la création d'autres institutions dont nous allons parler et qui viendraient compléter la première.

Initiative communale et initiative privée

Déjà quelques départements ont organisé des établissements d'assistance par le travail. D'autres ont secondé les efforts tentés dans le même but par les communes ou les sociétés de bienfaisance. Mais en pareille matière l'action individuelle et personnelle des conseillers généraux est peut-être plus efficace encore que celle de l'Assemblée départementale qui se borne le plus souvent à émettre des vœux.

La plupart sont maires et quelques-uns administrent des communes importantes. Tous ont de l'influence et sont écoutés dans les cantons qui les ont

élus. Ce sont eux qui peuvent agir sur l'initiative communale en même temps que sur l'initiative privée ;
ils peuvent servir de lien entre ces deux actions qui,
pour être efficaces doivent être concomitantes. Bien
des communes sont pauvres et peuvent difficilement grever leur budget de nouveaux crédits, quelle
que soit l'utilité de la dépense qu'on leur demande.
Si l'on peut faire comprendre aux personnes charitables de la région que le meilleur moyen de faire œuvre utile, est de remettre au bureau d'assistance
communal, les sommes qu'elles destinent à leurs
aumônes, ces ressources, venant s'ajouter à celles
fournies par la commune, pourront constituer de
sérieux moyens d'action et permettre de faire une
œuvre durable.

C'est en s'inspirant de ce principe que M. de
Maguitot, à côté des œuvres dont nous avons
parlé, avait créé une caisse de secours à domicile.
Les distributions en étaient faites par les délégués
des souscripteurs. En 1855, la Nièvre comptait 4,222
mendiants qui prélevaient sur les populations un tri-
but de 1 franc en moyenne et par tête soit 1,541,030
francs par an. M. de Maguitot dit aux populations :
Donnez-nous la moitié, le quart même, de ce que
vous distribuez à vos portes, le plus souvent au
hazard, et nous vous garantissons la suppression des
mendiants. Les souscriptions s'élevèrent environ à
250,000 francs par an, c'est-à-dire au sixième de la
somme perçue annuellement par les vagabonds. Ce
système eut pour résultat de restreindre considéra-

blement la mendicité, d'établir une sélection entre les indigents et les paresseux et permit de constituer pour les pauvres de véritables rentes perpétuelles.

Notre but n'est point de traiter ici de l'assistance à domicile, mais nous avons voulu montrer par cet exemple, quel peut-être le moyen employé pour se procurer les ressources fournies par les particuliers. Ce qui a réussi dans la Nièvre, en 1855, réussirait d'autant mieux aujourd'hui dans tous les départements où la plaie du vagabondage n'a fait que s'étendre. Il suffirait de démontrer aux populations qu'en centralisant leurs aumônes, elles obtiendraient le double résultat suivant : diminution considérable dans le nombre des vagabonds et diminution non moins considérable des sommes d'argent que ceux-ci savent prélever sur l'habitant.

Centraliser les ressources que pourront fournir les personnes charitables de la région est chose difficile et que n'ont pas encore su faire les Conseils généraux qui se sont occupés de cette importante question. Cependant l'assistance par le travail, due à l'initiative communale et privée, a déjà reçu un commencement d'exécution dans certains départements. La note publiée par l'*Office du travail* nous montre, dans sa statistique, que dans vingt-deux départements seulement il n'a été organisé aucun atelier d'assistance. Dans quarante-une villes, réparties entre vingt-quatre départements, les travaux de secours ne consistent que dans l'enlèvement des neiges et glaces où l'on n'embauche que les

7

ouvriers âgés ou infirmes. Dans cent quatorze villes, appartenant à cinquante quatre départements, on a organisé des travaux de secours de natures diverses (construction de chemins, ouverture de rues, démolition de fortifications, cassage de pierres, etc...) et en toutes saisons.

Nous avons vu, précédemment, que l'idée des ateliers d'assistance n'est pas nouvelle en France ; mais il a fallu cette augmentation inquiétante de l'effectif des mendiants et des vagabonds pour que l'attention des pouvoirs publics soit de nouveau appelée sur les moyens qui furent jadis employés en vue de s'en débarrasser.

A ceux que nous avons déjà exposés, il est bon d'ajouter ceux préconisés par Turgot en 1770 et 1771 dans la généralité de Limoges, puis dans toute la France lorsqu'il devint contrôleur général en 1774.

En 1770, il écrivait à ses subdélégués : « Il est
» essentiel que les travaux des ateliers soient suivis
» avec la plus grande attention pour prévenir les abus
» qui peuvent aisément s'y glisser ; il faut s'attendre
» que plusieurs travailleurs chercheront à gagner
» leur salaire en faisant le moins d'ouvrage possible
» et que surtout ceux qui se sont quelquefois livrés
» à la mendicité travailleront fort mal.

» D'ailleurs, dans un ouvrage dont le principal
» objet est d'occuper les pauvres, on est obligé d'em-
» ployer des ouvriers faibles, des enfants et quelque-
» fois jusqu'à des femmes qui ne peuvent pas travail-
» ler beaucoup. On est donc obligé de partager les

» ouvriers en différentes classes, à raison de l'iné-
» galité des forces, et de fixer des prix différents
» pour chacune de ces classes. Il serait encore mieux
» de payer tous les ouvriers à la tâche et de pres-
» crire différentes tâches proportionnées aux diffé-
» rents degrés de force, car il y a des travaux qui
» ne peuvent être exécutés que par des hommes
» robustes, d'autres exigent moins de force : par
» exemple, des enfants et des femmes peuvent aisé-
» ment ramasser des cailloux pour racommoder un
» chemin et porter de la terre dans des paniers, mais
» quelque parti que l'on prenne de payer à la tâche
» ou de varier les prix suivant l'âge et la force, la
» conduite de pareils ateliers exigera beaucoup d'in-
» telligence et d'assiduité.

» On a eu occasion de remarquer un abus qui peut
» facilement avoir lieu dans les travaux de cette
» espèce. C'est que des gens, qui d'ailleurs avaient
» un métier, quittaient leur travail ordinaire pour se
» rendre sur les ateliers où l'on payait à la journée.
» Cependant ces ateliers de charité doivent être
» réservés pour ceux qui manquent d'occupation
» ailleurs. L'on n'a trouvé d'autre remède à cet
» inconvénient que de diminuer le prix des journées
» et de le tenir toujours au-dessous du prix ordi-
» naire. »

Ces sages conseils ne seraient-ils pas écrits pour
les besoins de l'heure présente ?

En 1771, Turgot dépensa pour les ateliers de charité de sa généralité 218,400 livres dont 80,000 francs

fournis par la subvention royale et le surplus par
une souscription publique. Il se déclara satisfait en
général de la quantité du travail exécuté, en le com-
parant à la dépense qui avait été portée sur des routes dont la construction faciliterait le développement
commercial et augmenterait la richesse de la généralité.

Le 2 mai 1775, Turgot, contrôleur général, se
préoccupa d'étendre à toute la France le système des
travaux de secours et publia son instruction pour
l'établissement et la régie des ateliers de charité dans
les campagnes.

Les assemblées provinciales affectèrent de leur
côté des fonds aux travaux de charité. Mais les sages recommandations de Turgot sur la police et l'ordre de ces ateliers furent bientôt oubliées.

L'Assemblée nationale s'inspira des idées de Turgot quand elle attribua quinze millions à l'organisation des travaux de secours, et si, à ce moment, les
résultats ne répondirent pas aux sacrifices consentis
par la nation c'est que les instructions du gouvernement furent négligées ou mal appliquées. Plusieurs
directeurs de département distribuèrent en aumônes
proprement dites les fonds reçus pour les ateliers.

Le principe n'en resta pas moins consacré et quelques années plus tard (le 13 messidor, an IV) les
travaux de secours sont mentionnés dans un rapport
du comité de secours public au Conseil des Cinq-
Cents. L'indication des ateliers de secours se re-

trouve encore, sans que d'ailleurs il y figure aucune mesure pour en assurer le fonctionnement, dans la loi du 7 frimaire, an V.

C'est toujours ce même principe d'assistance par le travail qui préside en 1848 à l'organisation des ateliers nationaux. Tout le monde connaît l'histoire de ces ateliers préconisés par Louis-Blanc. Nous n'avons pas à la rappeler ici, si ce n'est pour affirmer que cet essai infructueux ne préjudicie en rien au principe que nous défendons. Par contre,, il nous apprend que la principale cause de l'insuccés fut la trop grande agglomération d'ouvriers sans travail assemblés sur le même point, conséquence fâcheuse de l'initiative de l'Etat. En effet, l'Etat est obligé de faire grand, et, dans l'espéce, les ateliers qui réunissent un très grand nombre de gens, plus ou moins recommandables, offrant des dangers de plus d'une sorte, risquent de devenir des foyers de troubles et n'offrent pas de garanties suffisantes de surveillance et de contrôle.

Seuls, les départements, les communes et l'initiative privée peuvent agir d'une façon pratique dans l'ordre d'idées où nous nous plaçons.

L'échec de l'expérience de 1848, les résultats obtenus ces derniéres années par les petites entreprises départementales, communales ou privées, nous montrent que la réussite dépendra du concours apporté par les communes, les Sociétés privées et les particuliers.

C'est ainsi d'ailleurs que l'a compris le Ministre

de l'Intérieur lorsque, le 23 février 1897, il publiait la
circulaire suivante :

« Paris, le 23 février 1897.

» Monsieur le Préfet, le Conseil supérieur du tra-
» vail a, dans sa dernière session, commencé l'étude
» de la question du chômage et émis le vœu que le
» gouvernement portât à la connaissance des préfets
» et des maires les résultats des travaux de secours
» contre le chômage entrepris déjà par les municipali-
» tés, pendant les années 1890 à 1895, avec les obser-
» vations auxquelles a donné lieu l'exécution de ces
» travaux.

» Le nombre des communes ayant un revenu de
» plus de 100.000 francs qui, au cours de la période
» ci-dessus indiquée, ont organisé à titre de secours
» contre le chômage des travaux de natures diverses
» et en toutes saisons s'élève à 114. La dépense
» totale occasionnée par ces entreprises a été de
» 4.903.749 fr. 49. Vous trouverez le détail dans le
» fascicule ci-joint. Quant aux observations suggé-
» rées au Conseil supérieur par l'étude de ces résul-
» tats, en voici le texte :

» 1° Les travaux entrepris doivent être des tra-
» vaux d'utilité générale, mais non urgents pouvant
» être ajournés et repris sans préjudice de leur
» bonne exécution-construction et entretien des
» routes et chemins, défrichements, labourage à la
» bêche, reboisement, curage des cours d'eau,
» cassage de pierres pour l'entretien des chaussées.

» 2° Pour éviter l'encombrement des chantiers par
» les habitants des localités voisines, exiger une
» durée déterminée de domicile dans la commune.

» 3° Donner, dans tous les cas où cela est possi-
» ble, la préférence au travail à la tâche ; le travail
» à la journée exige un surcroît de surveillance,
» surtout dans les chantiers de secours et donne
» presque toujours des résultats inférieurs au travail
» à la tâche.

» D'autre part, lorsque, dans certains cas spéciaux,
» on est obligé d'avoir recours au travail à la jour-
» née, comme on ne peut donner à des chômeurs,
» ouvriers inhabiles, le prix de journée normal des
» professionnels, on risque d'encourir le reproche
» de spéculer sur le chômage pour faire exécuter les
» travaux au rabais.

» Il est nécessaire, dans tous les cas, d'appeler
» l'attention des administrations intéressées sur la
» nécessité d'une ferme discipline et d'une grande
» vigilance ayant pour but de prévenir les abus qui
» se glissent aisément dans les chantiers de cette
» nature.

» 4° Laisser à l'ouvrier le temps de chercher du
» travail dans l'industrie privée et pour cela n'ouvrir
» les chantiers de secours que six ou huit heures
» par jour ou ne faire travailler à journée pleine
» que par période alternative de trois, quatre ou
» six jours.

» 5° La création de chantiers pour chômeurs est
» préférable à la distribution de secours en nature

» ou en argent. Les avantages moraux qu'elle pré-
» sente sont incontestables : elle conserve la dignité
» de l'ouvrier qui a conscience de faire œuvre utile ;
» elle le garde de l'oisiveté, de l'intempérance et
» permet de combattre efficacement la paresse et la
» mendicité.

» 6° Les communes doivent éviter, dans la mesure
» du possible, d'entreprendre des travaux publics
» importants lorsque les travaux particuliers sont
» très actifs ; il est préférable qu'elles réservent leur
» exécution pour les périodes de ralentissement des
» constructions privées.

» 7° Un rapport annuel fera connaître le résultat
» et les conditions d'exécution des travaux de
» secours contre le chômage organisés, par les muni-
» cipalités et les départements.

» Je vous prie de porter ces indications à la con-
» naissance des maires par la voie du *Recueil des*
» *actes administratifs* de votre préfecture.

» Dans le même ordre d'idées, je vous prie de
» vous référer aux instructions de mes prédécesseurs
» du 8 novembre 1894 et du 19 avril 1895. Dans la
» première de ces circulaires, l'administration mani-
» festait ses sympathies pour les œuvres d'assis-
» tance par le travail, vous invitait à encourager ces
» œuvres, à en faciliter les débuts là où on s'effor-
» çait d'en constituer de nouvelles, à développer
» l'action de celles qui existent déjà. La seconde
» avait pour objet de provoquer l'étude des Conseils
» généraux sur la question du vagabondage et de

» la mendicité d'après les données d'un rapport
» qu'avait rédigé une Commission mixte constituée
» par la Société générale des prisons et la Société
» internationale pour l'étude des questions d'assis-
» tance. Cette Commission recommandait l'institu-
» tion d'œuvres d'assistance par le travail comme un
» des meilleurs moyens de prévenir les conséquen-
» ces qu'entraîne le chômage. »

Nous avons donné cette circulaire *in extenso*,
convaincus que de l'application des principes qui y
sont prescrits résultera un progrès réel.

D'une façon générale les travaux qui répondront le
mieux dans les campagnes à l'esprit de la circulaire sont certainement ceux se rapportant à l'entretien des chemins ruraux. Il n'y a aucun crédit
accordé à cet entretien par la vicinalité et cependant
ces chemins rendent aux agriculteurs des services
de tous les instants. Malheureusement leur mauvais
état les rend souvent impraticables, surtout en hiver,
et ce serait un but très noble et très utile que de les
faire travailler à l'amélioration de ces chemins.

Pour que les ateliers communaux puissent rendre
véritablement les services que nous en attendons, il
faudrait que leur institution soit répandue sur tout le
territoire français. Nous ne voulons pas dire par là
que chaque commune devra posséder un atelier de
charité. Dans bien des endroits il serait complètement
inutile. Mais nous voudrions que deux ou plusieurs
communes puissent se syndiquer. Ce n'est que lorsque nous aurons obtenu cette organisation que nous

pourrons localiser le vagabondage et le maîtriser facilement.

En intéressant les communes au sort de leurs habitants, en allant jusqu'à engager leur responsabilité de même qu'on les oblige à contribuer par le domicile de secours à l'entretien de leurs aliénés dans les maisons de santé, en établissant un principe de solidarité, l'on arrivera peut-être à diminuer le nombre de ces dangereux nomades qui errent de tous côtés, comme s'ils étaient sans famille, sans domicile et sans patrie.

Quand les ateliers d'assistance seront installés dans chaque commune ou pour un groupe de communes syndiquées, tout vagabond arrêté une première fois sera envoyé à l'atelier de charité de son domicile de secours. Sera aussi rapatrié, tout individu dénué qui le demandera à la préfecture d'un département, pourvu qu'il s'engage à travailler dans l'atelier de sa commune jusqu'à ce qu'il ait trouvé du travail dans l'industrie ou dans l'une des exploitions privées.

A l'heure actuelle, lorsqu'un ouvrier sans travail et sans ressources vient nous dire qu'il a une place assurée dans tel centre, nous l'y transportons gratuitement, après enquête vérificative. Nous ne pouvons faire moins pour ceux qui déclarent avoir l'intention de travailler à l'atelier de charité de leur commune.

Avec ce système qui rattache l'homme à la commune d'origine, nous localisons le mal que nous voulons combattre et nous nous sentons alors réellement armés contre lui. Ramenés au pays natal, les vagabonds pourront bien plus difficilement se soustraire à la surveillance et à la répression sévère, ne pouvant se cacher avec la même habileté que dans les grands centres où ils courent le risque de rester inconnus ou introuvables pendant une période plus ou moins longue.

Mais, nous dira-t-on, tous les vagabonds n'ont pas de domicile de secours. A cela nous répondrons que les vagabonds qui n'ont pas de domicile de secours rentreront la plupart du temps dans la catégorie des professionnels et seront de ce fait justiciables des tribunaux. Rarement ils se présenteront pour donner leur travail dans un atelier de charité. Si le cas se présente nous les enverrons à la maison hospitalière de travail la plus voisine. Le plus souvent les vagabonds sans domicile de secours ne se présenteront pas volontairement devant les autorités. Ils seront arrêtés sous l'inculpation de vagabondage et, comme tels, nous les dirigerons sur une maison obligatoire.

On peut objecter à cette institution généralisée des ateliers communaux de charité que ceux-ci ne pourront pas s'administrer seuls, qu'il faudra un directeur et un comptable, etc. Cela est vrai. Mais le receveur municipal est tout indiqué comme comptable et quant au directeur nous sommes persuadés qu'il n'existe pas une commune en France où l'on ne trouve un homme de bonne volonté pour se mettre à la tête d'une institution charitable.

Quant à la direction du travail elle sera donnée aux chefs cantonniers, à leur défaut à un cantonnier, s'il s'agit de travaux publics et naturellement à la personne intéressée s'il s'agit d'une entreprise privée.

Nous ne nous dissimulons pas que la véritable difficulté sera de faire comprendre à toutes les communes de France et même à la charité privée, dont le concours nous sera indispensable, la haute utilité de cette œuvre d'assistance.

On pourrait, peut-être, l'imposer aux communes en les rendant responsables, comme nous l'avons dit, de leurs indigents, au même titre qu'on les rend responsables de leurs aliénés. De même que l'assistance des malades est pour elles une dépense rendue obligatoire par la loi de 1893, une nouvelle loi pourrait rendre obligatoire pour chaque commune les ateliers de charité. Si elles ne comprenaient pas la portée morale de l'assistance par le travail, elles reconnaîtraient, en tout cas, que ce système d'assistance leur reviendrait moins cher que tout autre, soit qu'elles retirent un profit du travail des indigents qui viendrait en déduction des frais généraux occasionnés par l'atelier, soit qu'elles bénéficient des travaux faits pour la commune par la main d'œuvre à bon marché.

En tout cas, il appartient aux pouvoirs publics, préfets, sous-préfets, maires, conseillers généraux, de faire comprendre en même temps aux communes et à la charité privée les avantages qu'elles sont appelées à retirer de l'institution bien comprise des ateliers de charité.

Nous ne nous dissimulons pas que cette intervention, qui pourra être suffisamment puissante pour
diriger dans ce sens la charité privée, ne le sera pas
assez pour rompre la résistance de certaines communes; quelques-unes refusent encore d'inscrire à
leur budget un crédit pour l'assistance médicale malgré la loi qui les y oblige. Il faudra nécessairement
aussi en arriver à une loi pour astreindre celles-ci
à s'intéresser au sort de leurs indigents. L'Etat et
le département, comme pour l'assistance médicale,
donneraient d'ailleurs des subventions aux communes les plus pauvres dans des proportions à déterminer d'après le nombre d'habitants, la valeur du centime et les dettes de la commune. En outre, il devrait
être inscrit au budget départemental et au budget de
l'Etat, un crédit pour subventions exceptionnelles
aux communes les plus pauvres et les plus éprou-
vées ; une partie des amendes de police correction-
nelle pourraient être affectées à ces subventions. Ce
n'est que par la généralisation du système que nous
pourrons obtenir le résultat désiré ; car, si toutes les
communes sans exception ne l'appliquent pas, les
vagabonds trouveraient encore des champs libres
pour se livrer à leurs habitudes.

Il va de soi que les municipalités conserveront la
plus entière liberté d'action en ce qui concerne l'installation et la direction des ateliers de charité.

Mais il nous paraît indispensable, ainsi que le
demande le Conseil général de la Dordogne, que
l'Etat intervienne pour provoquer l'organisation d'ate-

liers d'assistance organisés par les communes ou
syndicats de communes, suivant le système qui
paraîtrait le meilleur en ce qui concerne la création
des ressources indispensables pour assurer le bon
fonctionnement des ateliers.

Ainsi que nous l'avons vu dans les délibérations
des Conseils généraux, les opinions sont très différentes sur la valeur des systèmes proposés. Il peut
se faire que ce qui conviendrait à telle région ne con-
vienne pas à telle autre. Il n'y a pas d'inconvénients à laisser les assemblées départementales et
communales libres de choisir.

Que ce soit un système analogue à celui de Vaucluse ou se rapprochant de celui d'Eure-et-Loir,
l'important est qu'il donne de bons résultats, mais
l'action du Gouvernement est nécessaire pour que,
dans le Nord comme dans le Midi, il y ait une règle
commune afin d'assurer l'équitable répartition des
charges nécessitées par les nouveaux établissements.

L'assistance par le travail n'existe dans nos campagnes qu'à de si rares exceptions, qu'il n'est même
pas la peine de la mentionner. Il est vrai de dire que
la philanthropie a créé dans chaque commune ce que
l'on pourrait appeler l'hospitalité de nuit sous forme
de refuge pour les vagabonds. Ce sont les abris communaux qui existent environ au nombre de 4,000.
Rien de plus néfaste que l'existence de ces refuges,
tant au point de vue de l'hygiène et de la morale
qu'au point de vue de la répression et de la prévention du vagabondage. Depuis longtemps déjà on avait

entrevu le mal causé par les abris communaux, lorsque le Ministre de l'Intérieur, à la date du 9 mars 1895, adressa une circulaire aux préfets pour leur demander des renseignements à ce sujet. Nous allons donner les résultats de l'enquête ouverte ainsi par les soins du Ministre, consignés dans un rapport très complet de M. Drouinaud, inspecteur des services administratifs. Nous allons en rappeler les conclusions qui contiennent des renseignements et des chiffres plus éloquents que tout ce que l'on pourrait dire.

Tout d'abord il est bon de citer les conclusions du rapport de MM. Velter et Thoinot sur le typhus en 1893 ; elles étaient explicites.

L'épidémie de 1892-1893 aura eu le mérite de faire saisir sur le vif le rôle dangereux des vagabonds en tant qu'agents de dissémination du typhus ; ce qu'ils ont fait pour le typhus hier, ils le feront demain pour une autre infection, pour la même peut-être encore.

Le dernier congrès pénitentiaire international tenu à Paris en 1895 s'est préoccupé de ces misérables qui constituent un véritable danger social : nous avons montré qu'ils constituaient un péril hygiénique non moins certain.

Si l'on veut couper court à ce péril, il faut surveiller de près les asiles communaux ou urbains qui leur servent de refuge passager ; il faut établir une désinfection méthodique de ces lieux et de leurs habitants. Il faut imiter dans les asiles municipaux des grandes villes ce qui se fait dans les asiles municipaux de Paris, et imposer les mêmes pratiques aux

asiles de nuit privés, que la charité multiplie aujour-
d'hui dans les centres populeux, asiles qui, sans cette
précaution, seraient peut-être des œuvres de sécurité,
mais seraient à coup sûr des foyers d'infection.

Dans les petites agglomérations qui disposent de
moindres ressources, il faut aussi savoir agir et
éteindre dans la mesure des ressources locales, ces
foyers d'infection que constituent à l'heure actuelle les
refuges communaux.

La circulaire ministérielle s'explique aisément
après les conclusions si nettes de ce rapport, et il
semblait nécessaire, tout en rappelant les mesures
d'hygiène prescrites en 1893-1894, au moment
même où se manifestait la maladie, de savoir exacte-
ment, comme le disait le Ministre, « quel était le
nombre des abris ou asiles de nuit communaux, leur
répartition, leur organisation, le nombre et les catégories de voyageurs qu'ils reçoivent, les mesures
d'hygiène adoptées pour assurer la salubrité des
asiles et prévenir les dangers de contagion qu'ils
présentent. » Cette circulaire rappelait en outre les
mesures déjà prescrites, les unes concernant les
voyageurs, les autres les locaux.

Les résultats de cette enquête, d'une utilité incon-
testable, doivent être examinés sous deux aspects,
en ce qui concerne l'hygiène d'une part, de l'autre,
l'assistance.

L'hygiène qui était surtout en jeu ne peut se trouver satisfaite des réponses qui sont adressées par
les maires et les préfets.

L'accueil fait aux prescriptions ministérielles est évidemment plus que froid ; des maires n'hésitent pas à répondre que, plutôt que de les mettre en pratique, ils supprimeraient les abris ; bien des préfets ne dissimulent pas qu'ils se feront un devoir de transmettre les instructions ministérielles, mais qu'ils n'en espèrent pas la stricte exécution.

Ce que l'on constate en matière d'hygiène, c'est la propreté plus ou moins grande des locaux, variable évidemment à l'infini, selon les cas ; mais ce n'est à proprement parler qu'un commencement d'hygiène et non la fin.

La résistance municipale n'est peut-être pas un indice de mauvaise volonté, et l'on peut comprendre, aux sentiments exprimés par plusieurs maires, pourquoi ils ne voudraient pas se déterminer, en eussent-ils même les moyens, à faire davantage. La note ici est bien donnée par le Maire de Trappes : « Si nous leur donnons de bons lits, ce n'est pas 10, 20 voyageurs que nous hébergerons, ce sera une légion. » D'autres remarquent que les voyageurs fuient les abris moins confortables où on ne couche que sur la paille, et peut-être quelle paille !

Cette opinion assez générale explique encore, que c'est non une œuvre d'assistance que la commune entend créer et faire à ce titre aussi satisfaisante que possible au point de vue de l'hygiène ; mais bien un moyen de préservation, une sorte d'assurance collective contre les mauvais effets de ces vagabonds et les dangers qu'ils font courir aux habitants des

8

campagnes. Cette conception de l'abri rural exclut évidemment non seulement le confortable, mais même les soins minutieux que l'hygiène prescrit et dont l'exécution aboutirait en réalité à une amélioration matérielle des locaux. Il serait après ces déclarations très nettes, inutile de se faire illusion sur ce point et garder quelque espoir de transformer ces asiles dans l'avenir.

L'hygiène est-elle sauvegardée par les soins de propreté relative qui sont pris ? Les maires déclarent que cela suffit et un seul a avoué qu'un cas de variole avait été constaté, sans contagion immédiate dans le voisinage ; mais cette unique déclaration ne saurait donner confiance. On peut penser qu'on dissimule aisément ce qui est une source de récriminations. En outre, que de faits ignorés peuvent se produire n'ayant leur retentissement que loin du lieu où la contagion première a pu prendre naissance !

Nous pouvons nous résumer ainsi :

Les abris ruraux, tels qu'ils sont constitués d'après les révélations de l'enquête, ne peuvent inspirer que des craintes sérieuses au point de vue des transmissions et de la propagation des maladies infectieuses.

Les moyens de désinfection applicables aux personnes et aux locaux ne paraissent pas pouvoir y être employés. Le danger que présentent ces abris est donc certain, et ne paraît pas devoir être conjuré dans l'avenir. Au point de vue de la salubrité publique le résultat qui se dégage très certainement de l'enquête ne peut être que fort peu encourageant.

Quelles sont les conséquences des abris ruraux au point de vue de l'assistance elle-même ?

Il faut remarquer quelle variété existe entre le nombre des abris, surtout dans les départements ; sur 37 départements nous en trouvons 13 ayant de 1 à 25 abris, 8 de 25 à 50, 9 de 50 à 100, 7 au-dessus de 100. (L'Aube demeurant en dehors, n'ayant pas indiqué de chiffre.)

Si l'on observe que l'enquête ne nous fait pas connaître les nombreux abris qui existent nous le savons dans l'Oise et dans l'Aisne ; on constate que tout autour de Paris, il y a une zone manifestement propice à l'éclosion de ces multiples abris.

Après, c'est vers l'ouest qu'elle s'étend allant en quelque sorte de Paris à Bordeaux.

Faut-il penser que cette multiplicité des abris ainsi répartis dans certains départements, dans une région déterminée, est le fait d'un hasard, d'une imitation irraisonnée ? Nous ne le croyons pas par cette raison que la création de ces abris présente précisément le caractère particulier d'être voulue d'une certaine façon. On les veut restreints, peu engageants et la formule générale presque typique est celle du violon municipal, du lit de camp avec de la paille dans un petit réduit confié à la surveillance du garde champêtre ; la formule simple et sommaire de l'abri permet cependant d'obliger le vagabond à ne pas entrer dans la ferme ; on lui en refuse la porte avec

d'autant plus de rigueur que la commune est proche
et pourvue de l'abri.

Aurait-on multiplié ces abris dans les départements voisins de la capitale, si les vagabonds ne s'y
montraient pas en nombre excessif? Pour quelques-
uns seulement, on n'eût pas fait de pareilles créations,
les communes ayant d'autre part, quelque intérêt à
être moins bien dotées les unes que les autres, puis-
qu'elles se renvoient volontiers les unes aux autres
cette clientèle désagréable.

Mais ce qui apporte encore un nouveau témoignage c'est le chiffre approximatif de la population
admise dans ces abris. Il faut évidemment ne donner
à ces chiffres que la valeur d'une indication ; car il
s'agit d'appréciations faites par les maires, sans
qu'aucune inscription exacte puisse permettre d'en
vérifier la réalité ; mais ces réserves faites, voici les
chiffres que l'enquête fait connaître :

Population approximative :

Vienne	5,600
Tarn	1,782
Deux-Sèvres	10,794
Pyrénées-Orientales	1,200
Marne	42,495
Maine-et-Loire	1,975
Lot	4,000
Loiret	33,000
Loire-Inférieure	5.464
Loir-et-Cher	36,000

Isére	2,281
Indre-et-Loire	39,000
Lot-et-Garonne	5,000
Haute-Garonne...............	9,304
Eure-et-Loir.................	56,250
Drôme.......................	15,000
Dordogne	1,830
Charente-Inférieure	4,000
Calvados....................	2,000
Bouches-du-Rhône............	5,000
Ardennes	3,816
Allier.......................	1,585
Yonne	27,960
Nord.......................	27,132
Seine-et-Oise................	75,000
Somme	38,046

C'est approximativement l'effrayante population
de 446,000 vagabonds qui se présentent aux abris.
En réduisant ce chiffre de moitié, car il s'applique
évidemment souvent pour différents abris aux mêmes
individus, c'est déjà beaucoup ; d'autant que dans
ces résultats, ne sont pas compris les assistés des
asiles de nuit urbains et l'œuvre d'hospitalité de
nuit des grandes villes.

Les gros chiffres se constatent tout autour de
Paris : Seine-et-Oise, 75,000 ; Somme, 38,000 ; Marne,
42,495 ; Eure-et-Loir, 56,250 (Seine-et-Marne, Oise,
indéterminé, nous donneraient des chiffres analogues) ; puis nous les retrouvons sur le chemin de

Paris à Bordeaux : Loiret, 33,000 ; Loir-et-Cher, 36,000 ; Indre-et-Loire, 39,000.

Ainsi marchent de pair la population vagabonde et la multiplicité des abris. Est-ce pour avoir fait beaucoup d'abris que les départements ont beaucoup de vagabonds, ou est-ce parce qu'ils ont beaucoup de vagabonds qu'ils les ont multipliés ? La question peut être discutée, mais le résultat n'en reste pas moins acquis. La concordance est manifeste entre le développement du vagabondage et la multiplicité des abris.

Les conséquences de cette constatation sont considérables et il faudrait leur donner tout le développement qu'une si grande question comporte, mais ce n'est pas ici le lieu, et cette étude devra être évidemment reprise. Elle mérite d'être approfondie, car c'est une question sociale et humanitaire d'une vivante actualité, étant donné l'accroissement constant des migrations intérieures dans notre pays, l'extrême misère de certaines catégories sociales, la lutte pour le travail manuel et aussi la concurrence qu'y apporte l'élément étranger.

Un point demeure obscur dans l'enquête relativement à cette population nomade ; c'est l'importance relative des catégories diverses qui la composent, Partout où on le mentionne il s'agit d'ouvriers sans travail, de vagabonds et de mendiants valides ou infirmes.

Seul le département de la Somme donne des chiffres pour trois catégories ; les valides sans travail,

13.458 ; — les nomades (vagabonds)valides, 14.351 ;
— les infirmes ou âgés, 10.247.

Tous les autres disent en recevoir de toutes catégories, les uns disent qu'il y a plus de mendiants que
d'ouvriers sans travail, d'autres prétendent le contraire, le tout sans preuves à l'appui.

En l'absence d'une organisation effective et d'une
inscription régulière, il est difficile d'avoir une opinion
quelconque sur l'importance prépondérante de tel ou
tel groupe. Il ne peut de l'enquête, nous rester que
cette impression, c'est que cette population considérable de vagabonds nomades renferme tous les
déchets sociaux que, l'absence de travail, la misère,
la paresse, la débauche, le vice sous toutes ses formes, même après la condamnation subie comme
réparation des fautes commises, jettent sur la voie
publique, sans abri et sans pain.

Ces conclusions tirées de l'enquête n'ont pas une
portée bien grande ; elles ne font en réalité que confirmer des faits qui étaient affirmés par quelques-
uns et les précisent. Mais elles n'apportent pas une
solution, elles ne permettent pas de déduire, des faits
constatés, une ligne à suivre, un exemple à donner.

Quelque minime que soit le résultat, il a néanmoins
une importance très grande et que nous devons
mentionner, en remerciant le Ministre, d'avoir fait
procéder à cette enquête et en la désirant complétée
pour les départements retardataires.

Mauvais et demeurant dangereux pour la salubrité publique, puisque son organisation rudimen-

taire multiple, ne se prête pas à la désinfection complète, l'abri rural est, en outre, tel qu'il est pratiqué, un moyen de favoriser le vagabondage et la mendicité. Tel est le résultat de l'enquête du Ministre. Il est concluant et il nous semble qu'il n'y aurait plus qu'à ordonner la suppression de ces abris.

On pourra nous objecter que les ateliers de charité que nous préconisons, s'ils ne favorisent pas le vagabondage, tomberont comme les abris ruraux à devenir des foyers épidémiques, puisque la clientèle sera à peu près la même. Il nous est facile de répondre que les ateliers communaux, tels que nous les avons conçus, ne recevront pas des hôtes de passage pour quelques heures ou pour une nuit, mais pour plusieurs jours. On pourra employer les ouvriers eux-mêmes à désinfecter leurs vêtements et les locaux qu'on aura pu mettre à leur disposition.

Nous pourrions dire encore que les abris communaux sont institués, non dans un but d'assistance, mais pour protéger la population contre les nomades et qu'à cet égard ils répondent à leur destination. Nous ne croyons pas que l'abri détourne jamais le malfaiteur de commettre une mauvaise action, mais nous craignons plutôt qu'il ne favorise la chute du malheureux par l'influence néfaste que peuvent exercer sur lui les compagnons déjà corrompus.

Il nous suffira d'ajouter qu'avec le système d'assistance communale tel que nous l'avons préconisé, l'abri rural, indépendamment des inconvénients signalés plus haut, n'a plus aucune raison d'être.

Le principal service qu'il peut rendre, c'est d'atté-
nuer la terreur qu'inspire les vagabonds aux populations des campagnes; mais ces abris peuvent,
comme le prétendent certains Conseils généraux,
entre autres ceux de l'Eure, la Creuse, la Haute-
Garonne, favoriser la pérégrination des chemi-
neaux.

Contrairement à l'avis de la Commission mixte, ils
ne sauraient contribuer à la diminution du vagabondage. Qu'ils soient conservés jusqu'à la création
d'établissements plus utiles, mais que l'on ne compte
pas sur eux pour arriver à un résultat efficace.

Si l'idée féconde de l'assistance par le travail n'a
pas encore germé dans nos campagnes, dans les villes au contraire, elle a fait de sensibles progrès au
cours de ces dernières années. Les Conseils généraux, stimulés par la Société générale des prisons,
ne sont pas étrangers à ce résultat que nous signale
la *Revue philanthropique* d'où nous extrayons les renseignements suivants :

Amiens. — L'œuvre amiénoise d'assistance par le
travail a été fondée à la fin de janvier 1897. Elle
fonctionne dans d'excellentes conditions et rend des
services unanimement appréciés; ses travaux consistent en fabrication de ligots, triage de chiffons,
ajustage de cuirs pour talons de chaussures. Elle
reçoit 43 assistés par jour et a besoin d'agrandir ses
ateliers. Elle demande une modeste subvention que
nous nous efforcerons de lui faire obtenir.

Bordeaux. — L'organisation et la direction de l'œuvre sont parfaites et, grâce à la générosité des administrateurs et à la bonne réglementation du travail, les recettes couvrent les dépenses.

Bourges. — Cette œuvre nous signale la difficulté de l'écoulement des produits et nous demande notre appui. Les travaux exécutés sont : cassage de noix, fabrication de paillassons, de tresses d'osier, de margotins.

Caen. — La Société de solidarité sociale a fondé, en février 1896, une œuvre d'assistance par le travail fonctionnant seulement pendant les mois d'hiver (cassage de pierres pour macadam) ; l'assistance par le travail pour les femmes est en voie d'organisation.

Chartres. — A Chartres, M. André, procureur de la République, a greffé sur la Société de patronage des libérés, un établissement d'assistance par le travail pour les hommes libérés et sans travail quelconque. Très beau local admirablement situé, très bien aménagé au point de vue des ateliers, dortoirs, etc., entouré d'un terrain clos de deux hectares, il peut hospitaliser 30 assistés.

Après dix jours réservés à la mise à l'épreuve, l'assisté, s'il veut rester, signe un engagement de séjour de six mois, jugé nécessaire pour la constitution d'un pécule. Il perd le droit au pécule s'il sort avant, sans être placé ou se fait renvoyer, et son pécule va à titre de gratification, aux autres assistés.

Travail : fabrication de chaussons de laine, broiement de briques pour ciment, travaux divers. — Résultats très satisfaisants.

Dans le même département l'Administration a annexé un établissement d'assistance par le travail au dépôt de mendicité de Courville ; le fonctionnement est sensiblement le même que celui de l'assistance par le travail de Chartres.

Limoges. — De nouveaux ateliers ont été ouverts grâce à la subvention obtenue de la Commission du Pari mutuel. La fréquence des grèves partielles a obligé à insérer dans les statuts que l'œuvre était réservée aux seuls ouvriers atteints par un chômage involontaire. L'œuvre développe en ce moment le travail à domicile, plus moralisateur, quand il est possible.

Marseille. — L'Assistance par le travail a été reconnue comme établissement d'utilité publique ; un terrain a été acheté, un chantier dit « Chantier modèle » a été construit. L'œuvre a prêté un concours actif à l'Administration municipale et aux pouvoirs publics, lors des grands chômages forcés de 1897. Elle demande une subvention très justifiée que nous espérons bien voir prochainement accordée.

Nancy. — L'Assistance par le travail a été fondée pendant l'hiver 1895-1896. Elle fonctionne pendant cinq mois. Il y a dans son organisation une défectuosité fâcheuse ; c'est qu'il y a, à côté des assistés

temporaires pouvant rester quinze jours au chantier,
des assistés permanents au nombre de 15 environ;
or les œuvres d'assistance par le travail ne sont
faites que pour donner un travail temporaire, un travail d'attente, il ne faut pas l'oublier.

Nîmes. — La Société nîmoise d'assistance par le
travail est en bonne situation. Mais parfois il y a encombrement pour les produits fabriqués (ligots et
sarments) et on doit fermer les ateliers pendant trois
mois d'été.

Pau. — La Société a ajouté l'organisation du travail de couture à domicile à ses travaux antérieurs
(sandales, parapluies, travaux de voirie). L'œuvre
est en progrès. De concert avec les autres œuvres, elle
publie un journal : *Le Bulletin mensuel de l'Union
d'assistance.*

Perpignan. — L'Assistance par le travail a acquis
un immeuble au prix de 15.000 francs sur lesquels
5.000 francs seulement sont payés. Il a été inauguré
le 1er décembre. En dehors de la dette contractée, la
situation est bonne, le travail est abondant et le concours de la population assuré.

Toulouse. — L'Assistance par le travail est, pour
les hommes, réservée aux libérés dans l'atelier organisé par la Société de patronage. Nous espérons
qu'elle sera ultérieurement étendue aux sans travail
en général. Pour les femmes, l'hospitalité du travail,

fondée et dirigée par le père Guillermin sur le modèle de l'hospitalité du travail de Paris, fonctionne très bien.

Tours. — N'a encore, comme Toulouse, qu'un atelier d'assistance par le travail pour les libérés, mais M. Maurice, président du tribunal, qui dirige la Société de patronage, va fonder une œuvre d'assistance par le travail pour les non condamnés.

Sedan. — L'œuvre de la reconstitution de la famille, fondée par Mme Félicie Hervieu, a inauguré il y a plusieurs années, les jardins ouvriers donnant pour un an d'abord, et pour plusieurs années ensuite, du terrain, des graines, des engrais, à des familles d'ouvriers. Ce mode d'assistance aux travailleurs, par le travail de la terre, a donné d'excellents résultats ; aussi des jardins ouvriers ont-ils été créés depuis à Arras, Besançon, Boulogne-sur-Mer, Hazebrouck, Mende, Montreuil-sur-Mer, Nantes, Orléans, Rennes, Saint-Etienne, Soissons, Valenciennes, à peu près partout avec l'appui du clergé, qui a justement considéré, qu'il y avait là un excellent moyen d'éviter à l'ouvrier un séjour prolongé au cabaret et des promiscuités dangereuses, en même temps qu'un moyen d'améliorer les conditions d'existence de la famille ouvrière.

Citons encore pour terminer la colonie agricole de la Chalemel et la Société de patronage et d'assistance par le travail du département de Seine-et-Marne.

Colonie de la Chalemmel. — La création par la ville de Paris de cette colonie a constitué en France un des premiers essais d'assistance par les travaux agricoles. La ferme de la Chalemmel, situé dans le département de la Marne comprend 128 hectares environ et appartient à l'assistance publique. Une colonie agricole pour l'ouvrier sans travail y fonctionne depuis janvier 1892.

La Chalemmel peut recevoir 25 colons du sexe masculin exclusivement. Ces colons sont employés à la culture sous la surveillance de deux garçons-chefs et d'un maître charretier qui leur sert de moniteur agricole, car la plupart des colons nouveaux venus ne connaissent aucun des travaux agricoles exécutés dans cette ferme. Le recrutement des ouvriers sans travail s'opère parmi ceux qui viennent chercher asile dans les refuges de nuit parisiens. Le bureau central les choisit de préférence parmi les ouvriers ruraux après s'être entouré du maximum de garanties possible en cherchant à obtenir sur eux le maximum de renseignements.

La première année de période d'essai a donné les résultats suivants : 57 colons sont entrés à la colonie, celle-ci ne peut qu'en recevoir 25 à la fois. Par le roulement qui s'est produit, le personnel a donc été entièrement renouvelé une fois dans le cours de l'année. Sur 36 colons qui ont quitté l'établissement, 15 ont été placés et ont trouvé des situations leur permettant de gagner honorablement leur vie.

Ce résultat semble très beau ; mais il ne faut pas

oublier que les antécédents des pensionnaires avaient
été soigneusement examinés et que tous ceux, se
disant ouvriers sans travail, avaient été impitoyable-
ment éliminés.

Société de patronage de Seine-et-Marne. — Cette
Société est beaucoup moins exclusive que celle de
la Chalemmel ; elle admet tous les passagers nécessiteux du sexe masculin, qui se présendent munis
d'une déclaration d'admission délivrée par les délégués du Comité d'administration ou par le parquet.
En outre, sur la présentation d'une carte spéciale,
tout indigent peut-être admis à la Maison de travail.

Ces cartes sont délivrées à toute personne qui veut,
pour ne pas être exposée à repousser un malheureux
digne d'intérêt, lui procurer du travail. Elles coûtent
0 franc 25 centimes ; elles ne se paient qu'après avoir
servies Le travail est obligatoire pour tous les assistés qui doivent, sous peine d'expulsion, exécuter la
tâche à eux assignée. La durée du séjour à l'asile est
strictement limitée au temps nécessaire pour que
l'assisté puisse se procurer du travail. Cet asile pouvait recevoir 16 pensionnaires à la fois ; 168 passagers y sont entrés du 1er octobre au 31 décembre 1892.
Les travaux offerts aux assistés ont consisté dans le
défrichement et le nivellement de terrain loué à la
Société par la ville de Melun. Sur les 168, 23 sont
retournés dans leurs familles ou chez d'anciens
patrons, 11 ont été dirigés sur un autre asile, les
134 autres ont pris une destination inconnue. En 1897,

une aile a été ajoutée à la Maison de travail, qui peut maintenant recevoir un nombre double d'assistés. L'œuvre vient aussi d'organiser l'assistance aux femmes, et elles sont logées et nourries au dehors. .

Cette dernière Société, offre sur celle de la Chalemmel, des avantages indiscutables ; elle est moins exclusive et fait appel à la charité privée.

Tels sont à peu près les progrès réalisés dans ces dernières années.

Ils témoignent à la fois d'une généreuse initiative et d'un mouvement d'opinion très marqué en faveur de l'assistance par le travail, qui ne peut aller qu'en grandissant.

Nous sommes heureux de constater que quels que soient les systèmes employés, les résultats sont généralement bons ; ce qui démontre qu'il faut laisser à chaque société, à chaque commune, le soin de choisir le mode de travail, le genre d'atelier qui peut le mieux convenir à la localité. Les pouvoirs publics doivent se borner à indiquer d'une façon générale dans les grandes lignes le côté moral et pratique de l'œuvre à créer.

On peut objecter que tous les établissements que nous avons signalés, soit qu'ils émanent de l'initiative privée, soit qu'ils aient été créés par des départements ou des communes riches, possèdent des ressources que nous ne trouverons pas dans les petites communes, où le centime est parfois inférieur à six francs, et que nous ne pouvons pas imposer aux habitants de ces communes des charges qui pourraient aller jusqu'à doubler leurs impositions, pour venir en aide à des malheureux qui souvent le sont devenus par leurs vices ou leur fainéantise. Lors même que leur indigence proviendrait de chômage ou de crises commerciales ou industrielles, les contribuables de la commune qui ne sont pas responsables de ces événements, ne peuvent pas être mis dans l'obligation de subir des privations et de devenir pauvres eux-mêmes pour secourir les victimes de la concurrence économique, ou d'entreprises malheureuses ; surtout, comme cela arrive souvent, quand ces malheureux ont abandonné leur pays natal pour aller chercher fortune dans les grandes villes. En un mot, pourquoi serait-ce à la commune à leur faire des rentes ?

Cette objection qui soulève la double question du droit à l'assistance et du domicile de secours, n'est pas sans portée ; d'autant plus que l'obligation qui serait imposée aux communes viendrait s'ajouter aux charges qu'elles supportent déjà pour leurs aliénés et leurs malades. Celles qui leur incombent du fait de l'assistance médicale soulèvent, en maints endroits, de vives protestations qui risquent d'être autrement fortes quand il s'agira d'assister des valides ; ce serait reconnaître le droit à l'assistance qui n'est pas inscrit dans nos lois.

A cela, nous pourrions répondre, avec le Congrès international, qu'une Société organisée suivant les principes du droit naturel, doit l'assistance à défaut de tous autres secours efficaces à ceux de ses mem-

9

bres dont la vie est mise en péril par la maladie ou
par la misère.

Dans une société comme la nôtre, engagée dans la
voie de la civilisation et du progrès, il se trouve à
chaque instant comme conséquence des progrès réalisés et des découvertes nouvelles, des transformations
d'industrie, des déplacements d'intérêts, qui rendent
plus difficiles la lutte pour la vie, et multiplient le
nombre des vaincus. La Société qui, dans son
ensemble, bénéficie de la victoire, ne doit pas oublier ceux qui sont tombés en combattant pour elle.

En ce qui concerne l'établissement des ressources
nous pouvons rappeler qu'il est admis en principe,
que le secours est dû par la commune, à son défaut
par le département et par l'Etat. Cette succession de
responsabilités diverses permet de concevoir qu'un
indigent sur le territoire français ne peut être, dans
la détresse, privé de secours. L'objection que les
petites communes ne pourront pas remplir les obligations nouvelles qu'on leur imposera, tombera
d'elle-même, si on répond que le concours du
département et de l'Etat sera apporté, en tenant
compte de la situation de chaque commune, dans des
proportions telles que les charges nouvelles deviendront les mêmes pour les grandes comme pour les
petites communes. Nous entendons par là qu'il leur
sera demandé, comme part contributive, le même
nombre de centimes plutôt qu'une somme déterminée,
ainsi que cela a lieu pour l'instruction publique, les
chemins vicinaux. Mais nous ferons remarquer sur-

tout, que dans la plupart des communes rurales, des ateliers de charité peuvent être organisés sans augmenter les charges. A ce sujet nous pourrions citer certaines communes, Saintes notamment où non seulement les ateliers de charité ne coûtent rien à la ville, mais lui procurent un bénéfice de 16 % sur les prix qu'elle donne ordinairement à l'entreprise pour le cassage des pierres et l'entretien des chaussées (1).

Il n'en restera pas moins à la charge du département et de l'Etat des sommes assez considérables qu'il faudra trouver pour servir des subventions aux communes pauvres, et c'est là, il faut bien le reconnaître, la grosse question. On a proposé, pour éviter d'avoir recours à l'impôt, d'affecter aux dépenses d'assistance une partie des fonds provenant du pari mutuel, le produit des héritages tombés en déshérance, le revenu des domaines nationaux, des souscriptions, des donations, l'interdiction de faire l'aumône, etc., etc. (2). Nous n'avons pas à examiner ces différentes propositions et apprécier la valeur qu'elles peuvent avoir.

Quels que soient les moyens adoptés, ils seront bien accuellis s'ils permettent, sans charges nouvelles, de diminuer le vagabondage.

---

(1) Office du travail.
(2) Congrès international de 1889.

CHAPITRE IV

La répression

La répression des vagabonds et des mendiants, consiste actuellement dans l'emprisonnement des vagabonds et dans l'internement des mendiants au dépôt de mendicité. Nous verrons plus tard que cet internement n'a lieu qu'exceptionnellement et qu'il ne présente pas un caractère efficacement répressif.

A notre avis la répression du vagabondage est double. Elle embrasse : 1° l'ensemble des mesures administratives à appliquer pour faciliter l'arrestation des vagabonds, 2° les réformes à introduire, en ce qui concerne la modalité de la peine et de sa durée.

Il résulte de ce qui a été dit plus haut que la première mesure à prendre à l'égard des vagabonds, c'est de les arrêter.

Mesures de police

L'organisation actuelle de la police rurale ne donnant pas toujours les résultats que les populations sont en droit d'exiger, nous nous proposons de rechercher les causes de son insuffisance et les modifications qui pourraient y être utilement introduites.

Le Gouvernement a le devoir d'assurer la sécurité des citoyens. Le chef de l'Etat, investi de la plénitude des pouvoirs réglementaires, décrète les dispositions secondaires destinées à mettre la loi en action.

Le Ministre de l'intérieur, à qui incombe la charge d'assurer la sécurité publique, a sous ses ordres la gendarmerie, les préfets, sous-préfets, les commissaires de police, les maires, les gardes champêtres.

Sous le contrôle de l'autorité supérieure, les préfets exercent dans leur département le pouvoir réglementaire de police, conformément aux lois et décrets qui régissent la matière, selon les besoins de la circonscription qu'ils administrent.

La loi du 22 décembre 1789 renferme l'énumération de certains objets qui sont de nature à motiver des mesures spéciales applicables à tout le département : « la police des mendiants et des vagabonds, celle des prisons, maisons d'arrêt et de correction, la conservation des propriétés publiques, celle des rivières, chemins et autres choses communes, le maintien de la sûreté, de la salubrité et de la tranquillité publiques (1) ».

Cette énumération peut englober toutes les matières de la police municipale sur laquelle le préfet exerce son droit de contrôle. La loi du 5 avril 1884, article 97, a reproduit, dans ses parties essentielles, les dispositions par lesquelles le décret du 14 décembre 1789 donne au pouvoir municipal, sous la surveillance et l'inspection des Assemblées administratives, « les fonctions propres » de faire jouir les habitants des avantages d'une bonne police, notam-

_____

(1) Loi du 22 décembre 1789. (Section III, art. 2.)

ment de la propreté et de la salubrité, de la sûreté
et de la tranquillité dans les rues et édifices publics.

Le maire est chargé, sous la surveillance de l'autorité supérieure, dit l'article 91 de la police municipale, de la police rurale et de l'exécution des actes
de l'autorité supérieure qui y sont relatifs.

Les pouvoirs qui appartiennent aux maires, en
vertu de cet article comme en vertu de l'article 97,
ne font pas obstacle au droit du préfet de prendre
pour toutes les communes du département, ou plusieurs d'entre elles et dans tous les cas où il n'y
aurait pas été pourvu par l'autorité municipale,
toutes mesures relatives au maintien de la salubrité
et de la tranquillité publiques (1).

Aussi, indépendamment des droits qu'ils peuvent
avoir pour substituer leur autorité à celle des maires,
quand ceux-ci négligent de remplir leurs fonctions,
les préfets ont pour principal devoir de surveiller et
de contrôler toutes les mesures de police prises par
les maires.

Le droit du préfet engage, dans une certaine
mesure, sa responsabilité morale. Aussi, dans
son rapport à la Commission extra-parlementaire
chargée de rechercher les moyens propres à améliorer la police du vagabondage et des campagnes,
M. de Marcère a-t-il pu dire :

« On se demande si les préfets, eux-mêmes, rem-

(1) Loi du 5 avril 1884, article 99.

» plissent tous leurs devoirs de contrôleur qui leur
» appartient en vertu de la loi de 1884 » (1).

Cette question, peu flatteuse pour de hauts fonc-
tionnaires auxquels elle s'adresse, nous paraît sévère,
étant donnée l'impossibilité où ils se trouvent souvent d'obliger les maires à exécuter leurs prescriptions. En effet, on constate partout la négligence ou
le mauvais vouloir des maires qui, soit par crainte
de représailles de la part des rôdeurs, soit en raison
de l'insuffisance des moyens dont ils disposent, les
laissent voguer tranquillement dans les communes
et leur donnent même parfois des autorisations d'y
séjourner quelque temps.

Nous ne croyons pas, comme certains le prétendent, que l'origine des maires qui est l'élection, les
entretienne dans l'oubli de leurs devoirs en ce qu'elle
les affranchit de la crainte de l'autorité supérieure.
Peut-être seraient-ils plus respectueux et plus soumis
s'ils tenaient leurs fonctions de l'autorité qui a le
droit de contrôle dans leur Administration. C'est une
question que nous n'avons pas à examiner. Elle est
aujourd'hui tranchée par la loi de 1884 et personne
ne voudrait, à l'heure présente, proposer une modification qui enlèverait au Conseil municipal le droit
de nomination du maire. Il faut reconnaître aussi,
qu'en l'absence de moyens coercitifs, l'article 85 de
la loi municipale qui permet au préfet de procéder

(1) Rapport de la Commission extra-parlementaire (*Officiel* du
29 février 1895).

par lui-même ou par un délégué spécial aux actes qui sont prescrits au maire par la loi, laisse entre les mains de l'autorité supérieure une arme suffisante pour assurer l'exécution de toutes les prescriptions légales.

Mais, comme les mesures de nature à assurer une surveillance plus efficace des campagnes entraîneraient pour les communes pauvres des dépenses que leurs faibles ressources ne leur permettent pas de supporter, le rôle du préfet est forcément limité, a moins de cas exceptionnels, aux exhortations qui restent la plupart du temps sans effet devant la force d'inertie que lui opposent les maires.

Gardes champêtres. — Nous avons dit que les moyens d'action dont disposent les maires étaient insuffisants : dans les communes où il n'y a pas de gardes champêtres ces moyens sont à peu près nuls ; dans les communes qui en sont pourvues, la surveillance du vagabondage n'est pas beaucoup mieux assurée. Le plus souvent, simples agents des maires, appariteurs ou afficheurs, les gardes champêtres sont généralement âgés et n'ont accepté cet emploi que lorsqu'ils ne peuvent plus se livrer à un travail plus lucratif. Un grand nombre ont une occupation, exercent un métier en dehors de leur fonction pour augmenter leur petit traitement qui ne suffirait pas à les faire vivre eux et leur famille. Il en est bien peu qui soient capables d'arrêter les vagabonds et ils préfèrent les laisser circuler que de s'exposer à recevoir un mauvais coup.

En 1894, les 32.000 gardes champêtres qui existent
en France ont dressé en tout 8.000 procès-verbaux.
Parmi ces agents on en trouve 1.600 qui sont octogénaires ou septuagénaires. La moitié au moins est
incapable de remplir le service que l'on est en droit
d'exiger d'eux. Nous pourrions citer tel département
où sur 494 gardes champêtres, 2 sont octogénaires,
81 septuagénaires, 153 sexagénaires, 210 ont plus de
de 56 ans.

On a proposé divers systèmes pour rendre à ces
agents toute leur utilité : droit de nomination resti-
tué au préfet, condition d'âge, d'instruction et de
qualités physiques rendues obligatoires, embrigadement des gardes champêtres sous un chef cantonal,
etc., etc. Avec la loi actuelle qui exige l'agrément du
préfet, il est possible de n'admettre que les candidats
remplissant toutes les conditions requises. Mais il faudrait que le traitement du garde fut assez élevé pour
lui permettre de vivre sans exercer un autre métier.
C'est là une condition indispensable, sans cela pas de
candidat de valeur. Le rapporteur de la Commission
extra-parlementaire voudrait que le Gouvernement
exigeat du maire qui, dans l'espèce, est son agent
direct, une liste de candidats composée d'anciens
militaires, douaniers, ou gardes forestiers en retraite.
On trouverait là, dit-il, une pépinière nombreuse
d'agents excellents préparés par leur vie antérieure
au service de gardes champêtres, disciplinés, capables, soucieux de leur dignité et pliés au devoir professionnel.

Sans méconnaître les avantages que l'établissement d'une liste officielle de candidats est susceptible d'offrir, nous voudrions qu'elle fût moins exclusive et qu'elle n'admit pas les candidats ayant dépassé
quarante ans ; c'est dix ans de plus que la limite
généralement fixée pour les emplois subalternes
dans les diverses administrations. En outre, il y
aurait intérêt à ne pas conserver les gardes champêtres après l'âge de soixante ans.

L'embrigadement présenterait de sérieuses difficultés, mais, tout en apportant une amélioration sensible, il n'offrirait de réels avantages qu'autant que
les gardes champêtres seraient tous, comme les
gendarmes, des agents d'élite.

Placés sous l'autorité d'un garde-chef qui réside-
rait au chef-lieu du canton et serait chargé de les
surveiller et de les diriger, de leur donner des notes
et au besoin de les signaler pour des récompenses
qui exciteraient leur émulation, ils exerceraient une
surveillance, si non parfaite, tout au moins plus efficace qu'elle ne l'est actuellement. A défaut de garde-
chef, le brigadier de gendarmerie pourrait être spécialement chargé de la surveillance et de la direction
des gardes champêtres. Il suffirait dans ce dernier
cas de remettre en vigueur les articles du décret
règlementaire du 5 avril 1854 (1) qui placent les gardes champêtres sous la surveillance directe de la gendarmerie, et qui sont partout tombés en désuétude.

(1) Règlement sur la gendarmerie, art. 641 à 645.

Parmi les agents qui peuvent utilement contribuer à la police rurale, nous ne citerons que pour mémoire, les commissaires de police communaux qui n'existent que dans les localités d'une certaine importance et dont l'action ne peut s'exercer en dehors de la commune ; mais il y a lieu de signaler le parti que l'on pourrait tirer des commissaires spéciaux des chemins de fer qui, avec le droit de circulation sur les lignes ferrées dont ils jouissent actuellement, seraient utilement employés comme inspecteurs de gardes champêtres.

Les autres agents qui ont l'investiture judiciaire, douaniers, gardes forestiers, gardes pêche, cantonniers, gardes particuliers, sont spécialisés dans leurs attributions et ne secondent que fort rarement les agents de la police proprement dite.

Il y aurait tout avantage à les utiliser pour la sécurité publique. Constamment dans les campagnes, ils voient ceux qui circulent dans les chemins et à travers les champs et donneraient souvent sur les individus suspects, des indications précises à la gendarmerie. Il suffirait pour cela de les rattacher à la police générale, leur donner le droit de verbaliser contre tous les délits et principalement leur imposer l'obligation de signaler tous les individus suspects à la gendarmerie, la seule police redoutée des vagabonds, la seule qui agisse efficacement.

Gendarmerie. — Le décret règlementaire du
1er mars 1854 (1) portant règlement de la gendarmerie la définit « une force constituée pour veiller à
» la sûreté publique et assurer le maintien de l'ordre
» et l'exécution des lois. Une surveillance continue
» et répressive constitue l'essence de son service. »

Elle est particulièrement destinée à la sûreté des
campagnes et des voies de communication.

Par son origine et par ses attributions, la gendarmerie dépend à la fois du Ministère de la Guerre et
du Ministère de l'Intérieur. Elle se recrute parmi les
soldats ayant accompli leur service militaire ; elle
assure à la fois le service de la prévôté et de la
mobilisation et reçoit du Ministère de la Guerre sa
solde et sa retraite.

Elle reçoit du Ministre de l'Intérieur des instructions pour veiller à la sûreté publique.

Depuis la nouvelle loi sur le recrutement de l'armée
la gendarmerie a dû consacrer une grande partie
de son temps à en assurer l'application et s'est trouvée de plus en plus militarisée.

On à prétendu avec quelques raisons que les exigences militaires, revues, récitations de théories,
rapports copiés en double et triple expédition,
absorbaient presque tout le temps de la gendarmerie,
à tel point qu'elle ne contribuait plus que par son
prestige à la sécurité des campagnes, que les vagabonds craignaient toujours de les rencontrer sachant

(1) Décret règlementaire du 1er mars 1854.

qu'il y avait des gendarmes mais ne les voyaient que très rarement.

Ce reproche, en partie fondé, est néanmoins exagéré. Il est vrai que pour assurer l'application de la loi de recrutement et de la mobilisation, les gendarmes sont tenus de se rendre dans les hameaux les plus reculés; ce n'est pas là du temps perdu pour la surveillance, mais au contraire, une occasion de l'exercer. Néanmoins, ils ne pourraient se détourner du service qui doit être fait à date fixe pour aller constater immédiatement un délit qui leur serait signalé. Forcés de remettre la constatation après l'achèvement de leur tournée, ils risquent de ne plus trouver le délinquant.

Les questions purement militaires auxquelles les officiers de gendarmerie s'attachent avec une certaine complaisance pour arriver au perfectionnement de l'arme, absorbent avec moins de profit, à notre avis, le temps qui devrait être consacré à la surveillance.

Ce sont d'incessantes manœuvres de casernes, de brigades, de revues du capitaine, du commandant, du colonel, du général inspecteur, la réunion des brigades au chef-lieu, des écritures nombreuses et minutieuses au sujet de la tenue des armes, de l'équipement, du harnachement, du casernement, des fourrages, etc., des exigences croissantes quant à la correction du style des procès-verbaux qui font d'une simple contravention ou d'un délit constaté, la matière d'une demi-journée de travail de toute une brigade.

Il y a de ce côté une réforme facile à réaliser. Les revues peuvent être plus rares et les écritures moins longues, notamment en ce qui concerne les procès-verbaux, actuellement écrits entièrement de la main des gendarmes qui doivent en fournir au minimum quatre copies, quelquefois sept.

Il nous parait facile de leur procurer des formules imprimées sur lesquelles les agents verbalisateurs n'auraient qu'à indiquer les noms des délinquants et les circonstances des délits, ce qui abrègerait de moitié le temps consacré aux écritures; de plus il pourrait y avoir dans chaque brigade une presse à copier qui remplacerait l'exemplaire du procès-verbal réservé pour les archives de la brigade.

On signale encore l'usage excessif, pour ne pas dire l'abus, que l'autorité judiciaire fait de la gendarmerie, aussi bien pour les informations judiciaires que pour l'assistance aux instructions et à l'audience, alors que pour les informations judiciaires, les parquets devraient s'adresser aux maires, aux gardes champêtres.

Cette préférence, toute à la louange des gendarmes qui agissent avec plus d'intelligence et de célérité que les gardes champêtres, a pour conséquence de la détourner de leur principale fonction qui est d'assurer la sécurité publique.

Les parquets ne devraient recourir à la gendarmerie que pour les affaires qui exigeraient réellement son intervention et ils devraient se contenter des informations des maires et des gardes champêtres pour les affaires courantes.

Le service des gares qui est d'une utilité contestable pourrait être sinon supprimé tout au moins réduit aux cas exceptionnels.

Par contre, il serait utile de faire revivre les obligations créées pour la gendarmerie par les articles 624 et suivants du décret de 1854 en ce qui concerne la surveillance des gardes champêtres et les rapports à fournir sur leur compte à l'autorité préfectorale.

Enfin, on trouverait de réels avantages à établir une cohésion sérieuse entre tous les agents des administrations qui peuvent contribuer à la sécurité des campagnes : douaniers, forestiers, gardes pêche, cantonniers pourraient avoir dans leurs attributions l'obligation d'informer leurs chefs hiérarchiques, en même temps que la gendarmerie, de tous les faits qui leur paraîtraient mériter l'attention de la police. Ils devraient au besoin agir par eux-mêmes dans le cas de flagrant délit.

Le Préfet, délégué du Ministre de l'intérieur, informé par les chefs de service des divers agents, serait tenu au courant jour par jour de tout ce qui se passe dans son département, et nous ne reverrions plus, ce qui a été pénible de constater dans l'instruction de Vacher, à savoir que bon nombre des assassinats commis par ce misérable n'ont pas été portés à la connaissance de la gendarmerie.

La Commission extra-parlementaire avait demandé qu'il fut créé dans chaque canton ou dans chaque arrondissement un inspecteur de la sûreté qui serait, suivant l'expression du rapporteur, « un directeur de la sûreté générale au petit pied ».

Nous ne sommes pas convaincu de l'absolue nécessité de ces nouveaux emplois qui entraîneraient de nouvelles dépenses. Nous le sommes d'autant moins que le nouveau fonctionnaire, appelé à surveiller les agents des divers services, serait difficilement accepté par eux.

A notre avis, la gendarmerie, déchargée d'une partie de ses obligations de recrutement, de manœuvres et d'écritures pourrait, plus utilement qu'un nouveau fonctionnaire cantonal, contrôler les actes des agents auxiliaires et leur transmettre les ordres de l'administration préfectorale et des parquets. Cette hiérarchisation constituerait une première expérience d'une police d'Etat rurale qui paraît devoir s'imposer à bref délai devant l'inertie persistante des maires et l'insuffisance notoire des gardes champêtres.

Pour que cette police puisse agir efficacement, on sera forcément amené à lui restituer les moyens d'action qui lui ont été retirés. La suppression des passeports, réclamée et décrétée comme un hommage à la liberté individuelle, a rendu très difficile la constatation de l'identité des vagabonds.

Nous ne comprenons pas que la liberté individuelle soit plus atteinte par l'obligation de montrer un passeport, qu'elle n'est touchée par la nécessité où se trouvent souvent les plus honnêtes citoyens d'établir leur identité par une pièce quelconque; carte de circulation, ordre de service, carte d'un cercle ou d'une société. C'est de pièces de celte nature que prennent soin de se munir les voyageurs, les touristes et les représentants de commerce. Quoi qu'il en soit la suppression du passeport est aujourd'hui un fait acquis; il ne saurait être question de le rétablir.

. Il reste encore pour les indigents le passeport avec secours de route qu'il y aurait tout intérêt à supprimer et à remplacer, ainsi que le prescrivent les circulaires ministérielles des 15 avril 1872 et 15 septembre 1890, par les réquisitions de transport par chemin de fer. L'expérience a démontré que les indigents munis de ce passeport de route mendient sur les chemins et parfois n'atteignent pas la résidence qu'ils devaient rejoindre et se font arrêter comme vagabonds.

Le livret d'ouvrier remplaçait avantageusement le passeport pour les ouvriers honnêtes sans travail. A côté des indications telles que la durée du séjour chez les différents patrons qui les avaient occupés, le livret contenait souvent, en même temps que les motifs de la sortie de l'atelier, un témoignage de satisfaction qui aidait les ouvriers à trouver du travail. C'est ce qui fait que malgré l'abolition du livret prononcée par le corps législatif le 15 avril 1869, les bons ouvriers en demandent encore aujourd'hui à leurs patrons quand ils quittent l'atelier ou la manufacture, libres de tout engagement.

Nous ne verrions, en ce qui nous concerne, aucun

10

inconvénient pour les ouvriers au rétablissement du livret à la condition toutefois que les mentions suscep-tibles de causer un préjudice au porteur, telle que l'in-dication de dettes qu'ils pourraient avoir vis-à-vis d'un ancien patron, n'y soient pas consignées.

Le livret pourrait encore être remplacé par une feuille d'identité qui comprendrait, en outre du signa-lement et de la profession, la photographie de l'in-téressé. Cet usage de la carte photographique qui est adoptée pour les cartes de circulation de chemins de fer aurait un précieux avantage, s'il était exigé des nomades qui font souvent usage de faux papiers et de faux noms sous lesquels ils cachent des mal-faiteurs signalés, des interdits de séjour, etc.

Enfin, une dernière mesure récemment prescrite aux communes par M. le Ministre de l'Intérieur, pour faciliter la surveillance des vagabonds, est la création des abris communaux. Sans méconnaître les avantages que procurent ces établissements, nous aurons l'occasion, dans un autre chapitre, de dire les graves inconvénients qu'ils présentent.

Quelques autres procédés de répression ont été indiqués par les Conseils généraux qui se sont préoc-cupés du vagabondage. Nous citerons entre autres :

Création de brigades mobiles de gendarmerie qui seraient spécialement chargées de la surveillance des routes et des chemins ;

Interdiction du territoire français aux nomades de professions douteuses ;

Réglementation du colportage et des professions ambulantes ;

Assujétissement à une patente dont les assujélis devraient être porteurs et qui serait refusée à ceux dont les casiers judiciaires ont déjà trace de condamnation ainsi qu'à ceux qui ne justifieraient pas de domicile réel ;

Interdiction de certaines professions ambulantes telles que l'exhibition de filles, femmes colosses ou prodiges de beauté, concerts plus ou moins tunisiens, miroirs magiques, somnambules extra-lucides, etc.

Nous ne saurions nous associer à toutes ces propositions qui, en regard des avantages qu'elles peuvent offrir, présentent pour la plupart de réelles difficultés d'application.

La création de brigades de gendarmerie mobiles viendrait augmenter les charges du budget de l'Etat. Elles auraient à parcourir des territoires trop vastes pour agir efficacement, lors même qu'il y aurait une brigade par arrondissement ; on ne pourrait exiger que les gendarmes fassent des tournées à 40 ou 50 kilomètres de leur résidence sans indemnité de déplacement ; leur solde n'y suffirait pas.

L'interdiction du territoire français aux nomades étrangers n'est pas d'une application toujours facile. Si les douaniers en arrêtent quelques-uns à la frontière, les autres trouveront bien le moyen de passer par les chemins des contrebandiers.

Pour les vagabonds, étrangers qui sont en France,
on peut bien les reconduire à la frontière ; la loi en
donne le droit, mais on ne peut pas obliger un pays
voisin à recevoir des vagabonds qui n'appartiennent
pas à sa nationalité et qui souvent n'en ont aucune
ou bien ont intérêt à la cacher.

La suppression de certaines professions par
mesure de police ne peut être décidée d'une façon
générale sans porter une atteinte sérieuse à la liberté
individuelle et un préjudice certain à des malheureux qui, dans bien des cas, ne peuvent exercer aucun
autre métier. Il peut y avoir, même chez les marchands ambulants et les femmes colosses, des honnêtes gens auxquels on ne peut enlever les moyens
de vivre sans blesser l'équité. Les vagabonds inof-
fensifs deviendraient alors des vagabonds dangereux.
On ne devrait, suivant le cas, procéder que par
espèce : laisser libres, en principe, toutes les professions qui ne choquent pas la morale et l'honnêteté
et interdire certaines professions à ceux qui, munis
d'un casier judiciaire ou connus par des antécédents
fâcheux, n'offrent aucune garantie. L'obligation de la
patente qui servirait de feuille d'identité nous paraît
au contraire une mesure excellente.

En résumé, nous estimons qu'avec la législation et
les règlements actuels, il serait possible d'arriver à
une surveillance si non parfaite du moins beaucoup
plus efficace :

1° En déchargeant la gendarmerie d'une partie des

obligations militaires et judiciaires qui lui sont imposées ;

2° En créant sous sa surveillance une police rurale réellement utile, par les gardes champêtres ;

3° En faisant contribuer les douaniers et forestiers à la surveillance des campagnes ;

4° En obligeant tous les nomades à se munir d'une feuille d'identité avec photographie.

Mesures pénales

Nous avons vu, dans un chapitre précédent, le manque d'efficacité des peines actuellement appliquées au vagabondage. Nous avons dit que, tant par leur courte durée que par le régime auquel elles étaient soumises, ces peines manquaient totalement leur but. Voyons maintenant quel serait les réformes à apporter pour changer cet état de choses.

Tous ceux qui s'occupent des questions de vagabondage et de mendicité savent que les vagabonds redoutent deux choses, la solitude et le travail, mais les opinions diffèrent sur la question de décider laquelle de ces deux peines impose le plus d'aversion aux vagabonds, laquelle des deux aura le plus d'efficacité et devra servir de base.

Certains prétendent que le travail a été expérimenté sans succès, tandis que l'essai qui a été fait de l'isolement a donné de bons résultats et ils en concluent qu'il convient de développer par tous les moyens possibles ce mode de répression.

Notre avis n'est pas aussi absolu, car le traitement par le travail n'a jamais été appliqué chez nous avec suite. Nous ne pouvons en juger que par l'étranger, et là, il semble donner de bons résultats.

L'emprisonnement cellulaire est un mode empirique sur lequel, quoiqu'on en dise, en ce qui concerne les vagabonds, l'expérience n'est pas encore concluante. Nous estimons que les conditions dans lesquelles elle a été opérée ne permettent pas de porter une affirmation aussi décisive que celle qui est assez généralement acceptée.

Le but que l'on se propose en décrétant des peines contre le vagabondage est double ; on veut : 1° User d'intimidation envers les vagabonds et les inciter ainsi à rentrer dans la voie normale du travail ; 2° On veut, après qu'ils ont été condamnés, que la peine subie leur soit profitable en même temps qu'à la société, qu'elle détermine chez eux un amendement et les préserve de retomber dans la mauvaise voie.

Les deux systèmes préconisés dans le même but depuis que des hommes éminents se préoccupent de trouver le meilleur moyen de nous débarrasser des vagabonds : l'emprisonnement cellulaire et le long internement dans une maison de travail obligatoire.

Emprisonnement cellulaire. — Depuis la loi du 5 juin 1875, l'emprisonnement cellulaire est devenu notre droit commun. Malheureusement, cette loi ne s'applique que très lentement et c'est dans une époque bien indéterminée que tous les condamnés pour-

ront y être soumis; mais supposons pour un instant que nous ayons, sur toute l'étendue du territoire,
un nombre suffisant de cellules pour y interner tous
les vagabonds, et voyons si le double but que nous
poursuivons en frappant les vagabonds : intimidation
et amendement, sera atteint.

On ne peut nier le pouvoir d'intimidation que la
cellule exerce sur certains vagabonds. Nous en
avons la preuve d'abord par les rapports des vagabonds eux mêmes, mais surtout par les faits que les
vagabonds choisissent, d'une façon très évidente,
pour champ de leurs pérégrinations, les régions qui
ne sont pas pourvues de prisons cellulaires (1).

Mais doit-on en conclure de là que si toutes les
prisons étaient cellulaires, nous aurions une très
sensible diminution du nombre des vagabonds ? De
ce que les vagabonds préfèrent les prisons de régime
de droit commun, doit-on inférer que s'il n'y avait
plus que des prisons cellulaires nous verrions disparaître ces vagabonds ? Est-ce que les vices, les
mauvais instincts, la misère, ne seront pas plus forts
que la crainte inspirée par la cellule ? Il nous semble que ce serait peut-être beaucoup présumer de
l'efficacité de la prison cellulaire pour croire qu'elle

(1) A Bourges, à Nice, à Melun, à Angers, à Saint-Etienne, on
a vu les vagabonds déserter ou éviter l'arrondissement pour
aller au contraire se faire arrêter dans les arrondissements
voisins où ils savaient devoir trouver les avantages recherchés
par eux; la prison en commun avec son régime paternel, la
douce intimité de vieux camarades, les longues causeries autour
du poêle, le dortoir, le réfectoir, le préau communs. Quoi de plus
concluant?

suffirait à diminuer notablement chez nous l'armée des vagabonds. En effet, pour ceux qui sont réduits au vagabondage par le fait du malheur de leur condition, il est bien évident que la pénalité la plus sévère ne pourra rien contre eux (1). Quant à ceux qui font du vagabondage un métier, le cas est différent, et nous sommes portés à croire que l'emprisonnement cellulaire, surtout combiné avec le travail obligatoire, serait d'une réelle efficacité. Nous croyons même qu'il serait le meilleur remède, celui qui devrait plus particulièrement attirer l'attention de ce médecin social qu'est le législateur, si l'on pouvait appliquer la cellule pour une longue durée ; mais à moins de traiter les vagabonds en criminels de la pire catégorie, nous ne pouvons guère leur infliger un emprisonnement de plus de six mois que la loi réduit déjà dans une proportion sensible.

Or, il ne faut pas oublier que, dans la majorité des cas, nous avons à lutter en la personne des vagabonds, contre des habitudes de paresse contractées dès le plus jeune âge. Nous ne pouvons espérer réformer un caractère par un régime de quelques mois, aussi sévère soit-il. Tout en croyant au salutaire effet d'intimidation de la cellule, nous doutons qu'il soit assez fort pour arrêter les vagabonds

(1) A moins qu'elle n'ait pour effet de les irriter contre la Société et de les rejeter parmi ses ennemis. Mais nous n'avons pas à redouter cette éventualité car tout le monde est d'accord pour dire que non seulement il ne faut pas leur infliger de peines plus sévères, mais au contraire leur tendre la main, leur prêter secours pour les empêcher de tomber.

dans leurs pérégrinations et supprimer leurs habitudes.

Aucun amendement ne sera obtenu chez les condamnés à de courtes peines, dont les instincts et le caractère ne sauraient être transformés par quelques jours, ou même quelques mois d'isolement : ce qui nous fait croire que l'application de la prison cellulaire, surtout dans les conditions de notre législation actuelle, ne donnera pas tous les résultats espérés. Certains Conseils généraux ont émis un avis dans ce sens, entr'autres celui du Jura ; appelé à formuler son opinion sur ce mode de répression, il a déclaré ne pas partager l'avis de la Société générale des prisons, dans la crainte que la cellule ne provoquât dans de fortes proportions des troubles cérébraux chez les détenus, et qu'elle ne devint la pépinière de l'hospice des aliénés.

Nous sommes incompétents pour apprécier cette opinion, qui émane sans doute d'un médecin aliéniste ; mais nous devons cependant enregistrer l'appréciation d'un grand nombre de médecins qui prétendent que la plupart des vagabonds, demeurés inoffensifs, quoique devenus professionnels, sont des êtres incomplets, souvent des idiots, des épileptiques contre lesquels toutes les mesures resteront inefficaces. On peut les classer dans les vagabonds par tempérament. Nous avons supposé que la loi de 1875 avait reçu sa complète exécution et que toutes les peines, quelle que soit leur durée, pourraient être subies en cellule. Cette hypothèse est loin de la réalité, le moment où les vagabonds ne pourront plus se réfugier dans les alentours des prisons de régime commun est encore loin de nous. Il n'y a pour s'en convaincre qu'à voir les réponses faites par les Conseils généraux aux demandes de l'administration ; hormis cinq ou six, tous répondent invariablement qu'ils reconnaissent l'utilité des prisons cellulaires et qu'ils en voteront la construction dès que l'état de leurs finances le leur permettra.

Mais le plus souvent quand des ressources deviennent disponibles ils les appliquent à des œuvres qui leur paraissent présenter un intérêt plus immédiat pour le département.

Les Conseils généraux qui auront les premiers construits des prisons cellulaires trouveront une récompense de leur diligence : les vagabonds s'éloigneront de leur territoire, pour se réfugier dans les départements où ils n'auront pas à craindre d'être isolés en prison ; ce sera un moyen de se débarrasser des vagabonds au profit des voisins.

C'est ce qu'avait espéré le Conseil général du Puy-de-Dôme quand il demandait l'autorisation d'établir des cellules spécialement destinées aux vagabonds. Cette résolution avait été prise en raison des considérations suivantes :

1º Que le point capital est d'opérer une sélection entre les professionnels incorrigibles et les pauvres gens qu'une misère accidentelle jette sur nos grands chemins ;

2° Que la meilleure sélection est celle que les intéressés opèrent eux-mêmes, et le meilleur moyen
d'écarter les vagabonds du territoire est de faire en
sorte qu'ils s'en éloignent de leur plein gré.

En conséquence le Conseil concluait à l'emprisonnement cellulaire pour tous les délits de vagabondage et demandait, comme nous le disions plus haut,
l'autorisation de construire des cellules spéciales
pour vagabonds, autorisation qui fut d'ailleurs refusée, et ne pouvait être accordée sans enfreindre les
prescriptions de la loi du 5 juin 1875. (1)

Aussi le Conseil général a-t-il demandé une modification à la loi, modification portant sur l'article 6,
actuellement ainsi conçu : « A l'avenir la recons-
truction ou l'appropriation des prisons départementales ne pourra avoir lieu qu'en vue du régime prescrit
par la présente loi », serait complétée par le paragraphe suivant : « Néanmoins, la création dans les
prisons départementales d'un quartier cellulaire spécialement destiné à une certaine catégorie de prévenus et de condamnés, notamment aux vagabonds,
peut être autorisée, sur la demande des Conseils
généraux ; les condamnés de tout un département
pourront y être amenés. »

Le même Conseil demandait en outre (2) que l'arti-

(1) D'après l'article 1 de la loi du 5 juin 1875, les inculpés, prévenus et accusés, seront, à l'avenir, individuellement séparés
pendant le jour et pendant la nuit. L'article 8 porte : Le nouveau
régime pénitentiaire sera appliqué au fur et à mesure de la
transformation des prisons.

(2) Délibération du Conseil général du Puy-de-Dôme 1896—22 août.

cle 211 du code pénal soit modifié par l'adjonc-
tion du paragraphe suivant qui serait intercalé entre
les paragraphes 1 et 2 du dit article : « Les condamnés pour vagabondage à une peine supérieure à
trois mois de prison, soumis au régime de l'emprisonnement individuel, ne bénéficieront pas de la
réduction du quart de la peine à subir édictée par
l'article 4 de la loi du 5 juin 1875, et seront soumis
au travail en cellule. »

En prenant cette résolution aussi catégorique, le
Conseil général du Puy-de-Dôme entrait absolument
dans les vues de la commission des deux Sociétés
qui disaient dans leur rapport : « Tant que la loi du
5 juin 1875 n'aura pas reçu son entière exécution,
par la transformation ou la construction des prisons,
il n'y a aucune illusion à se faire. Ce n'est pas dans
la construction de grands et coûteux établissements
comme Merxplas en Belgique, qu'il faut chercher
une protection contre le mal dont nous souffrons,
c'est simplement dans l'exécution de la loi de
1875. »

S'il en est ainsi, si la prison cellulaire est bien
réellement le seul moyen efficace de réprimer le
vagabondage, nous n'avons plus qu'à nous arrêter
dans nos recherches et attendre que la loi de 1875
ait produit son effet complet.

Cependant, nous ne le pensons pas parce que le
mal, lui, n'attend pas, il s'aggrave. Dès maintenant,
mettons le vagabond en cellule toutes les fois que
nous le pourrons, mais cherchons des moyens de

répression dont l'application, si elle ne peut être immédiate, ne sera pas ajournée à une si longue échéance.

Une courte peine à subir en cellule et qui, dans aucun cas, avec la loi actuelle, ne pourra dépasser six mois, et sera réduite à quatre et demi, aurait, à notre sens, moins d'efficacité qu'un long internement pendant une période qui ne pourrait être moins de deux ans dans une maison de travail obligatoire.

Nous croyons que le vagabond sera tout autant effrayé, pour ne pas dire plus, par cette seconde peine que par la première.

Au point de vue de l'amendement, on obtiendra chez ceux qui ne sont pas absolument réfractaires, une amélioration à peu près complète. Les détenus pourront se relever par la longue habitude du travail, car seule elle peut faire perdre la longue habitude de la fainéantise.

A cet effet, l'étranger nous donne des exemples précieux, et tout particulièrement l'établissement de Merxplas, dont il est question dans la note de la Commission mixte et qui mérite d'attirer notre attention. De même que les maisons de travail obligatoire qui ont été créées en Suisse et qui présentent à notre avis une organisation encore préférable.

Nous ne saurions mieux faire que de les signaler et voici les renseignements que nous donne M. le pasteur Robin sur les colonies pénitentiaires de la Suisse.

Le Devens. — La maison de répression du Devens est située dans le canton de Neufchâtel. Le décret de fondation du Devens remonte à l'année 1868. Voici quelle en fut l'occasion :

Les communes du canton avaient reçu une indemnité pour l'incorporation des heimathloses (sans patrie). Elles exprimèrent le vœu que cette indemnité fût consacrée à la fondation et à l'entretien d'une maison de travail et de correction pour l'amendement de ceux de leur ressortissant qu'une vie de désordre a fait tomber, eux et leur famille, à la charge des fonds publics de secours.

Il fallait, pour cela, que le Code pénal du canton qui prononçait la peine de l'emprisonnement contre les mendiants et les vagabonds fût modifié. La peine de l'emprisonnement fut remplacée par celle de l'internement. La durée de la peine primitivement fixée par le Code, en cas de récidive, était de 1 à 6 mois ; elle fut étendue d'abord de 3 mois à 2 ans d'internement. En 1874, la loi était de nouveau modifiée dans le sens de la sévérité. Cette peine de trois mois à 2 ans fut ordonnée pour le vagabondage dès la seconde récidive, et pour la violation des devoirs de famille ; ce dernier délit est, en Suisse, une conséquence du droit à l'assistance pour le pauvre et donne à la commune un droit correspondant, celui de punir tout homme qui abandonne sa famille et la laisse à la charge de l'autorité communale. Enfin, un décret tout récent, celui du 24 mars 1885, augmente encore la durée de l'internement ; il en fixe le minimum à 1 an sans augmenter le maximum de la peine qui reste de deux ans et qui ne peut être appliqué qu'après récidive. Le motif de cette prolongation de la durée de l'internement a été que les internés qui ne passaient que quelques mois au Devens n'avaient pas le temps d'y prendre des habitudes de travail et retombaient dans leur ancienne vie de vagabondage aussitôt après leur sortie.

Installation de la Maison de répression du Devens.
— Le terrain sur lequel l'établissement devait être élevé fut acheté à la commune de Saint-Aubin. L'entrée en jouissance eut lieu le 1er juillet 1872. La maison fut ouverte aux internés le 1er janvier 1873.

Le prix du terrain, des constructions et de l'aménagement, qui ne furent complètement terminés que dans le courant de l'année qui suivit l'ouverture, fut de 400,867 fr. 32. Le domaine, d'une contenance de 65 hectares, coûta 72,030 francs et la construction, un peu plus de 300,000 francs.

Le terrain a aujourd'hui, d'après l'inventaire de 1885, une valeur de 113,797 francs et l'ensemble de l'établissement vaut, d'après la même estimation, 469,856 francs, ce qui établit une plus-value de 70,000 francs.

Le domaine se composait de 31 hectares de terres mal cultivées ; l'autre partie était une forêt. La terre, déjà en culture, a été défoncée, débarrassée avec soin des galets qui la rendaient stérile ; chaque année, une partie de la forêt a été défrichée. L'élevage du bétail a fourni les engrais nécessaires; de là cette plus-value considérable.

Résultats financiers en 1885

Les recettes générales ont été de.....	52.433 fr.
Les dépenses de....................	51.508 »
L'exploitation agricole a produit......	21.176 »
La vente du bois...................	7.784 »
La main-d'œuvre...................	3.586 »
Les communes avaient contribué aux dépenses pour une somme de	25.300 »
Il restait dû à l'Etat pour les avances..	7.915 37
Soit un total de dépenses nettes de...	32.215 37

L'effectif de la maison a été de 78 internés; 61 hommes et 17 femmes, soit une dépense moyenne pour chaque interné d'environ 413 francs.

Pour se rendre compte de la dépense exacte de l'entreprise, il est nécessaire de remarquer qu'un dixième de cette dépense est affecté aux intérêts des fonds engagés et fournis soit par l'Etat de Neufchâtel, soit par d'autres créanciers.

La maison a été prise à ferme par les communes pour le compte desquelles elle est gérée par un conseil d'administration. L'ensemble des sommes que les communes ont payées depuis la fondation, est d'environ 320,000 francs; cette somme est couverte d'un cinquième par la plus-value de l'établissement.

Au point de vue financier, on peut dire que l'opération est vraiment bonne. Les communes auraient dépensé, sans compensation aucune, une somme supérieure, pour leurs mendiants et leurs vagabonds dans les prisons.

L'opération eût été encore meilleure, si l'Etat eût pu fournir pour l'exploitation, un terrain appartenant au domaine public et si les frais d'installation n'eussent pas été si considérables.

Résultat social. — Au point de vue social, l'entreprise est excellente. L'état de Neufchâtel, au lieu d'encombrer ses prisons de districts et son pénitencier modèle, s'est trouvé débarrassé du soin d'entretenir les mendiants et les vagabonds, pendant que le public lui-même a eu l'avantage d'être délivré de leurs importunités et a été mis à l'abri de leurs nombreux méfaits.

La lecture de la série des rapports publiés depuis la fondation de l'établissement est des plus attachantes. Ces rapports sont sincères. On y voit chaque année le développement de l'œuvre, mais aussi l'expression d'un vœu continuel d'amélioration ; les récidives sont encore nombreuses, mais les nouvelles condamnations deviennent plus rares pour la première fois ; on n'en comptait seulement que 13 en 1883. De plus par la bonne influence exercée sur les internés, la vie laborieuse au grand air et de demi liberté qu'ils mènent, et par le soin du directeur, de procurer, autant que possible, de l'ouvrage à ceux qui sortent,

11

le dernier rapport, celui de 1885, peut constater dans la conduite de quelques-uns, une amélioration qui est un sujet de joie et d'encouragement.

Lorsqu'on visite cette maison, on ne peut se défendre d'un sentiment de satisfaction, en voyant, au milieu de cette belle nature, travailler librement ces hommes que, dans d'autres pays, le nôtre, hélas ! on entasse dans les prisons avec des malfaiteurs endurcis et pour lesquels, on n'a d'autres ressources, plus tard, que de les envoyer à grands frais, au-delà des mers, quand ils sont devenus des récidivistes incorrigibles et dangereux.

Pourquoi ne pas commencer plus tôt ? Pourquoi ne peut-on pas s'efforcer, comme l'humanité le demande et comme l'intérêt social le conseille, d'exercer une influence salutaire par l'emploi de ces moyens préventifs qui ont fait leurs preuves dans ces colonies agricoles, où les vagabonds reprennent l'habitude du travail et sont ainsi mis en état de gagner leur vie honnêtement? L'expérience est faite, il n'y a plus qu'à en profiter.

Partout où elle a été tentée, elle a réussi. En voici une preuve nouvelle.

Colonie agricole de Payerne. — L'expérience faite à la colonie de Payerne, dans le canton de Vaud, est la même que celle du Devens ; elle est même plus concluante au point de vue financier. La comparaison entre l'expérience faite par les deux cantons voisins pour l'application de ces deux principes est d'autant plus intéressante qu'elle a commencé à la même époque.

Les dispositions légales prises offrent la même analogie. Il a fallu dans le canton de Vaud, comme à Neufchâtel, commencer par modifier quelques articles du Code pénal, pour transformer la peine de l'emprisonnement, primitivement prononcée, en celle de l'internement. Cette modification a été l'objet d'un décret du Grand Conseil du 21 janvier 1875. Mais, ici, la répression devient immédiatement sévère.

Le nouveau décret porte :

Art. 1er. — Que le vagabond peut être condamné, au maximum, à 3 mois de prison ou à l'internement dans une colonie agricole et industrielle qui ne peut être moindre de 6 mois, ni excéder 3 ans (art. 141 du Code modifié).

Que tout mendiant d'habitude, peut être puni d'un emprisonnement qui n'excèdera pas 5 jours ; mais, en cas de récidive, d'une réclusion de 3 mois au maximum ou à l'internement dans une colonie agricole pour un temps qui ne peut être moindre de 6 mois, ni excéder 3 ans. Il peut être puni, en outre, de la privation des droits civils (art. 142).

Que celui, qui, pouvant par son travail subvenir aux besoins de sa famille, l'abandonne, peut être condamné à 6 mois de réclusion au maximum ou à l'internement, dans une colonie agricole ou industrielle pour un temps qui ne peut être moindre de 6 mois, ni excéder 5 ans.

Il peut, en outre, être privé de ses droits civiques (art. 144).

Art. 2. — Le tribunal peut, de plus, prononcer contre le délinquant, dans les cas ci-dessus spécifiés, l'interdiction de fréquenter les établissements destinés à la vente des spiritueux pour un temps qui n'excédera pas 5 années.

Ce sont les trois mêmes délits visés ; le vagabondage, la mendicité d'habitude et l'abandon de famille.

C'est donc la même doctrine pénale qui consacre la législation des deux cantons.

La pratique, seule, diffère au point de vue administratif et financier.

Dans le canton de Vaud, c'est l'Etat qui s'est chargé de la fondation de la maison d'internement. Il y a procédé avec une remarquable économie. Le créateur de l'œuvre fut M. Bonjour, chef du département de la justice du canton. Frappé du grand nombre des condamnations encourues pour mendicité, vagabondage et abandon de famille, condamnations subies dans les geôles du district, il proposa de créer un établissement de travail et de correction, pour rendre au pays des forces qui se perdaient dans l'oisiveté des prisons, ou sur des sommes dépensées en pure perte pour leur entretien.

Il fit choix d'un terrain inculte, d'une contenance de 45 hectares, près de Payerne. La concession en fut accordée par l'Etat de Fribourg. Un petit cours d'eau, la Glane, le traverse. Le terrain, couvert de bruyères et de galets, fut payé 2.500 fr.

On acheta à Lausanne, une baraque-grange. Le Directeur qui venait d'être nommé, la fit transporter sur l'emplacement choisi pour la future construction de la colonie. Il s'y installa avec les premiers internés mis à sa disposition.

Là, sous ce toit de planches, fut logé aussi, avec les colons et le Directeur, un gendarme surveillant. On y mit également les chevaux, le matériel d'exploitation, en un mot, tous les éléments de cette installation rudimentaire.

Les visiteurs voient encore cette construction, qui sert aujourd'hui de grange, formant l'un des côtés du grand carré encadré par les bâtiments spacieux de la colonie; à droite, par la demeure du Directeur, ses bureaux, les ateliers; à gauche, par l'habitation des colons.

L'établissement a mis des années pour prendre sa forme actuelle; continuant l'application des principes économiques qui avaient présidé à ses débuts, la colonie s'est pour ainsi dire créée, avec les seules ressources de main-d'œuvre des colons. Les bâtiments ont été élevés en grande partie par eux; les meubles, les vêtements, fabriqués dans les ateliers de la maison; de sorte que les frais d'installation se sont trouvés considérablement réduits et que ceux d'entretien sont aujourd'hui presque nuls, tout, à l'exception des matières premières, étant produit ou fabriqué dans la colonie par les colons eux-mêmes.

Résultats. — Voici les dépenses de la première année d'installation, en 1876 :

Achat de bétail, mobilier, baraques, paille, foin, journées, traitements, frais sanitaires, etc.   45.548 »

Et cette faible dépense fut atténuée, par les premiers légumes vendus et quelques échanges de terrain.

Les recettes avaient été de............	1.300	50
L'inventaire accusait un avoir de......	26.130	»
Ce qui donnait en balance	18.108	»
Pour toute dépense de la 1re année.....	45.438	50

En 1885, le bilan de la colonie donne :

Pour les dépenses, le chiffre de.......	57.301	10
Pour diminution de l'inventaire....,..	5.053	05
Total des dépenses..................	62.354	15
Recettes de toute nature	40.261	50
Ce qui donne pour excédent de dépenses	22.092	65

Si on réunit toutes les sommes fournies par l'Etat, chaque année, on trouve qu'elles s'élèvent, pendant les treize années d'existence de la colonie, au chiffre de................................   351.895   »

Mais l'inventaire accuse une somme de	109.638	25
La valeur des bâtiments est de.......	125.000	»
Ce qui donne une première atténuation à la dépense de	234.638	25

La différence de 117.256 fr. 70 se trouve compensée

par la plus-value de la propriété transformée par le travail des colons.

Un canal de 5 à six kilomètres a été creusé pour l'écoulement des eaux de la Glane et l'assainissement du domaine ; des routes plantées d'arbres ont été tracées et sont parfaitement entretenues. Le sol, défriché, et assaini par le drainage et par une abondante fumure, est devenu de première qualité, et la propriété ainsi mise en culture, a acquis une grande valeur.

En résumé, au point de vue financier l'Etat, a fait à Payerne une excellente affaire : elle serait meilleure si l'étendue du domaine eût été doublée.

Il résulte de l'étude des chiffres, que la colonie, avec une superficie double du terrain à cultiver, suffirait à couvrir toutes ses dépenses. Il n'y aurait à consacrer à l'entreprise, qu'une nouvelle mise de fonds qui serait amplement compensée plus tard par la plus-value des nouveaux terrains mis en culture. C'est d'ailleurs, nous a-t-on appris, le projet qui est actuellement à l'étude et dont le Conseil d'administration de la colonie a pris l'initiative. Des questions d'ordre financier en ont seules retardé l'exécution.

L'Etat vient de faire une expérience des plus encourageantes à persévérer dans cette voie, à Orbe, seconde colonie de travail qu'il a fondée.

Orbe. — Il a créé à Orbe, une succursale de la colonie de Payerne.

Appliquant à cette création nouvelle, les mêmes

principes qui avaient présidé à la fondation de la colonie-mère, celle-ci a préparé une partie du matériel d'installation de la succursale et le mobilier qui figure dans ses comptes de 1877, pour une somme de 7.000 francs. En dehors d'échanges de service, les deux colonies ont toutefois une existence distincte.

Avec les colons d'Orbe, l'Etat s'est fait entrepreneur. Il s'est chargé de l'exécution des travaux de terrassements considérables dans la plaine d'Orbe. Il a fait créer un lit nouveau à deux cours d'eau, le Talent et le Nozon; défricher les grèves d'Yvonand, dans la partie vaudoise du lac de Neufchâtel, et entretenir des routes.

Il a employé, l'année dernière, à ces différents travaux, une centaine de colons.

La main-d'œuvre de quelques-uns a été aussi louée à la commune d'Orbe. Les groupes de travailleurs dont le chantier se trouvait trop éloigné pour revenir le soir à la colonie, avaient leur campement en plein air, dans des baraquements mobiles qui avançaient avec eux, à mesure que s'effectuaient les travaux de construction. Cela pouvait rendre possibles les évasions, mais il fallait le travail. Il n'y avait d'ailleurs, pas lieu de s'en inquiéter. Rien n'est plus bienfaisant que le travail en plein air. Pendant l'année, 17 colons seulement ont profité des facilités qu'ils avaient de reprendre leur liberté. Ils ont été naturellement réintégrés au pénitencier ou dans les prisons du district.

Mais, si on peut dire que pour le moral des colons
le travail en plein air est des plus bienfaisants, on
peut dire aussi que ce genre de travail est des plus
fructueux.

Résultats. — Qu'on en juge par les résultats du
travail que l'Etat a fait exécuter par les mendiants
et les vagabonds de la colonie d'Orbe en 1885.
Pendant ce dernier exercice :

	Francs.
Les recettes ont été de........	52.953 20
Les dépenses de.............	50.747 72
Le bénéfice net de...........	2.205 48 (1)

Voilà donc ces hommes tombés à la charge de leur
commune. Placés sous une direction ferme et intelligente, non dans une prison où il eût fallu payer
encore leur dépense, mais dans une colonie de travail, à l'air libre, ils gagnent suffisamment pour couvrir leur entretien et apportent, en plus, à l'Etat une
somme de 2.000 francs. N'est-ce pas une opération
des plus fructueuses ?

Un tel résultat ne prouve-t-il pas une fois de plus
que les mendiants et les vagabonds sont des incapables et non des malfaiteurs, et qu'il suffit de leur
appliquer des mesures de protection fermes et bien-
veillantes pour les empêcher de devenir dangereux ?

On le voit, l'expérience est concluante.

(1) Compte rendu du Conseil d'Etat pour l'année 1885.

Au point de vue financier les maisons de travail sont, pour la répression de la mendicité et du vagabondage, le moyen le plus économique, et au point de vue moral et social le moyen de protection le plus efficace contre ce double fléau toujours inquiétant pour la sécurité publique.

Aussi dans les deux cantons de Neufchâtel et de Vaud, le législateur n'a-t-il pas hésité à substituer dans le Code pénal la peine de l'internement à celle de l'emprisonnement pour les mendiants et les vagabonds déférés aux tribunaux, et a-t-il de plus autorisé l'admission de ces malheureux qui viendraient d'eux-mêmes chercher un refuge dans la colonie lorsqu'après leur libération, ils n'auraient pu trouver du travail (1).

L'étranger qui visite la Suisse peut la traverser dans toutes ses parties sans y rencontrer aucun mendiant. L'explication de ce fait, qui est tout à l'honneur de ce pays, se trouve dans l'ensemble des mesures d'assistance qui y ont été organisées et dans les mesures de répression énergiques que la loi a prescrites en même temps que dans la rigueur et l'intelligence avec lesquelles elles sont mises à exécution.

Belgique. — La loi belge, du 28 novembre 1891, a confié au juge de simple police le soin de réprimer le vagabondage et la mendicité. Celui-ci prononce,

(1) Loi du 17 mai 1876, article 6, canton de Vaud.

suivant les cas, une peine de deux à sept ans d'emprisonnement et met le délinquant à la disposition
du gouvernement. Il rend son jugement dans les
vingt-quatre heures, grâce au fonctionnement d'un
système incomparable d'informations qui est le casier
judiciaire central. Voici en quoi il consiste : Le
Ministre de la Justice centralise à Bruxelles des
fiches constamment mises à jour et portant les noms
et les condamnations des vagabonds. En sorte que
dès qu'un délinquant de cette espèce est amené
devant le juge de paix belge, celui-ci télégraphie à
Bruxelles. Le soir même il a la réponse et le lendemain matin il est complètement édifié sur le passé
du prévenu quand il monte à l'audience pour le
juger.

La décision du juge, une fois rendue, l'administration dirige le condamné, soit sur un dépôt de mendicité, soit sur une maison de refuge, soit sur une
école de bienfaisance.

Les écoles de bienfaisance reçoivent les mineurs
de seize ans et de dix-huit ans. Les dépôts de mendicité reçoivent plus spécialement les individus valides, vagabonds ou mendiants d'habitude, ainsi que
les souteneurs.

La durée de l'internement varie de deux à sept
années, soit en vertu d'une décision du juge de paix
ou même aux termes d'un jugement du tribunal
correctionnel appelé à prononcer une condamnation
pour un autre délit.

Chacun de ces détenus peut-être libéré conditionnellement et séparé des autres pendant le temps de la détention.

Les frais d'entretien sont payés jusqu'à concurrence d'un tiers sur un fonds spécial créé pour chaque province.

Les deux autres tiers sont partagés par moitié entre l'Etat et la province originaire du détenu. Une exception à cette règle est faite pour les souteneurs dont l'entretien reste à la charge de la commune.

Les maisons de refuge sont exclusivement réservées aux mendiants, aux vagabonds, victimes d'un accident ou invalides. Ils peuvent y rester tant qu'ils veulent, y encaissent un petit pécule qui servira à leur premier entretien quand ils sortiront. Les maisons de refuge reçoivent des pensionnaires volontaires, pourvu que leur admission soit autorisée par la commune.

Telle est, actuellement, l'économie de la loi belge de 1891. Cette loi a été complétée par l'arrêté royal réglementant le travail prescrit aux détenus dans les établissements qui renferment aujourd'hui 6.000 personnes.

Les travaux, aux termes de cet arrêté, doivent être exécutés en régie, et distribués de manière à ne laisser oisif aucun interné valide. Ceux qui ont un métier pouvant être exercé dans l'établissement ont la faculté d'en travailler. On y réserve les travaux de « simple occupation » pour les détenus que leur profession retient ordinairement en plein air.

Quant aux industries, elles ne pourront être utili-

.sées qu'à la confection d'objets destinés au service
de l'établissement dépendant du département de la
Justice et pour l'entretien, l'amélioration ou l'extension des installations du matériel et de l'outillage à
l'usage de ces établissements.

Ces sages prescriptions ont pour but de ne pas créer
une concurrence différente de celles que se font entre
eux, dans l'ordre naturel des choses, les travailleurs
libres des mêmes groupes industriels.

Les travaux des internés sont salariés par le
Directeur dans les limites du tarif règlementaire
arrêté par le Ministre de la Justice. Les salaires
pourront être également réglés par lui ou augmentés
en proportion des efforts faits par les condamnés.

Cette organisation a produit d'excellents effets.
D'après le rapport de M. Bergerem, Ministre de la
Justice, sur le fonctionnement de la loi de 1891, pendant les trois premières années de l'application
(1892-1894) (1), le chiffre des internements à Merxplas est inférieur de 48 % à celui de 1891 : 8.000
internements en 1891, 4.200 en 1895. Encore l'écart
serait-il plus considérable si on n'avait pas pris récemment le parti d'interner les vagabonds étrangers.
Au début de la loi, on se contentait de les reconduire à la frontière, mais quand on les faisait sortir par Erqueline, ils rentraient immédiatement par
Tourcoing ou réciproquement. Alors on s'est dit :
« pour éviter ce circuit, nous allons les interner ;

(1) *Moniteur belge*, octobre 1897.

cela mettra quelques centaines de vagabonds de plus dans nos établissements, mais nous en aurons deux ou trois mille de moins sur nos grandes routes. »

De sorte qu'en 1894 Merxplas contenait 857 étrangers au lieu de 64, en 1891. S'il n'y avait pas ces vagabonds étrangers, le chiffre de 1894 serait de beaucoup inférieur à la moitié de celui de 1892.

Merxplas, dont nous venons de parler, est le dépôt de mendicité où l'on enferme les vagabonds et les mendiants incorrigibles. Les deux maisons de refuge sont à Hoogstraten et à Wortel.

Il est indéniable que les résultats obtenus, tant par les colonies pénitentiaires suisses que par le dépôt de mendicité de Merxplas, sont excellents.

On nous dira pour la Suisse que c'est grâce à des conditions particulières et au petit nombre des internés faciles à moraliser que l'on a obtenu ces résultats, que nous ne pouvons songer à établir dans tous les départements des colonies semblables, que cela coûterait très cher la plupart du temps, et que l'industrie privée se refuserait à supporter la concurrence. On nous dira, pour la Belgique, que nous ne pouvons songer à appliquer chez nous le système belge, qu'il a pour pivot le juge de paix, que nous ne pouvons pas songer, en France, à donner à nos magistrats cantonaux, des attributions si étendues. Tout cela est vrai.

Aussi, ne voulons-nous pas transporter de toutes pièces chez nous les institutions étrangères. Avant de les introduire dans notre pays il serait nécessaire, tout au moins, de les adapter à nos mœurs, de les encadrer dans les institutions que nous avons déjà.

C'est pourquoi nous nous bornons, tout en constatant l'excellence des résultats dans les exemples étrangers que nous avons choisis, à retirer un grand principe général qui est celui de l'importance de la durée du séjour dans les maisons de travail pour faire contracter aux internés l'habitude du travail. Nous remarquons, en effet, que les modifications qui ont été faites dans l'échelle des peines, l'ont toujours été dans le sens de la sévérité : c'est ainsi que le Grand Conseil du canton de Neufchâtel éleva de trois mois à un an le minimum de la durée de l'internement au Devens.

Sur ce point, les rapports annuels du Directeur de cet établissement sont curieux et instructifs.

Ils constatent que les condamnés acceptaient très volontiers un séjour de quelques mois dans la maison, surtout les mois d'hiver, c'était pour eux comme une étape pendant laquelle ils se reposaient et prenaient des forces nouvelles pour vagabonder à nouveau. Naturellement, dans ces conditions, l'amendement était nul, le travail fourni par les intéressés était fait avec mollesse, parce qu'ils avaient perdu l'habitude du travail et la prospérité de l'établissement était compromise.

Il y a là des indications de première importance sur la durée de la peine que nous devrons appliquer.

En un mot, profitons dans la mesure du possible, de l'exemple que nous donne l'étranger, nous devons

marcher sur ses traces et édifier la nouvelle pénalité
que sera la Maison de travail obligatoire.

Mais la loi actuelle ne nous le permet pas. D'après
l'article 274 de notre Code pénal, toute personne qui
a été trouvée mendiant dans un lieu pour lequel il
existe un établissement public afin d'obvier à la
mendicité, doit être punie de trois à six mois d'emprisonnement et être, à l'expiration de sa peine, conduite
au dépôt de mendicité où elle sera détenue aussi longtemps que le Préfet le jugera nécessaire; seulement
l'article ne distingue pas entre le mendiant qui n'est
pas en état de travailler pour gagner sa vie et le
mendiant professionnel qui vit au dépens de la
Société. Il fait une distinction entre le mendiant et le
vagabond, qui fait que ce dernier, à l'expiration de sa
peine, sera remis en liberté. Pour que l'article 274
puisse être appliqué aux vagabonds il devrait être
ainsi modifié : « Tout individu condamné pour vagabondage ou mendicité, pourra, en vertu d'une disposition ou jugement, être envoyé, à l'expiration de sa
peine, dans une maison de travail pour une durée de
deux à cinq ans.

Les internements dans une maison de travail
seraient prononcés, sans préjudice d'un emprisonnement préalable qui serait subi en cellule, toutes les
fois que la chose serait possible, nous aurions alors
une prison redoutée qui jouerait un rôle d'intimidation et la maison de travail qui sera plus spécialement destinée à l'amendement des condamnés.

Après un certain temps d'internement, la libération conditionnelle pourra être accordée à ceux qui se seront distingués par leur travail et leur conduite. L'obligation du travail sera pour les paresseux la plus dure des peines et pour la Société l'utilisation de forces improductives.

On devra choisir dans les nouveaux établissements des travaux industriels qui ne fassent pas concurrence à ceux des ouvriers libres. On emploiera les professionnels originaires de la campagne à des travaux appropriés à leur origine. Il y a en France des terres incultes à défricher, en Sologne, dans les plaines de la Crau : en Algérie et en Tunisie il reste des routes et des ports à construire. On peut y placer sous la tente la catégorie d'individus dont il s'agit et la faire marcher par escouades. Il ne faudrait pas construire ces maisons de travail dans des conditions dispendieuses, de simples locations d'immeubles ou des baraquements suffiraient.

En Algérie et en Tunisie on les installerait à peu de frais. Nous pourrions suivre en une certaine mesure dans leur établissement l'exemple de la Suisse, c'est-à-dire les laisser elles-mêmes se développer progressivement.

Ce système donnerait-il chez nous ce qu'il a donné en Suisse où dans certains cantons l'on ne voit pas un mendiant ? nous n'oserions l'affirmer. En tout cas, si nous n'arrivons pas à inculquer le goût du travail à des gens qui sont incapables de l'acquérir par eux-mêmes, nous aurons au moins débarrassé, pendant un temps appréciable, la société de ses parasites.

12

Quant aux récidivistes, ceux que deux ou plusieurs internements prolongés n'auraient pas suffi à améliorer, nous voudrions les voir tomber sous le coup de la relégation. C'est encore là le seul moyen réellement efficace que la société puisse employer pour se débarrasser de ces êtres dangereux et nous devons regretter que la loi du 25 mai 1885, qui fait entrer le vagabondage en ligne de compte pour la transportation quand le vagabond a été condamné pour d'autres crimes ou délits ou qu'il a contrevenu aux articles 277 et 279 du Code pénal, n'inflige pas cette peine perpétuelle quand le condamné n'est que mendiant et vagaband. Malheureusement, si le principe est excellent, l'application est toute différente. La peine de la relégation est d'une mise à exécution très coûteuse et aujourd'hui bon nombre de condamnés à cette peine accessoire ne sont pas embarqués : chaque relégué coûte plus de 1.200 francs à l'Etat; de sorte que, par raison d'économie, on tend à restreindre de plus en plus l'application de cette mesure.

On peut donc dire qu'il ne faut pas trop compter, en l'état actuel des choses, pouvoir appliquer la relégation aux récidivistes du vagabondage; mais on peut se demander s'il n'y aurait pas de sérieuses modifications à introduire dans l'application de la loi, car il paraît tout au moins surprenant, à première vue, que l'on ne puisse pas trouver dans notre domaine colonial un point inculte, mais fécond, un sol susceptible de nourrir des habitants. Ne nous rap-

pelons-nous pas que ce sont les convicts qui ont
colonisé l'Australie.

Il est à désirer que la transformation de la relégation fasse l'objet des méditations des criminalistes,
car il est à craindre que, quelle que soit la sévérité
des moyens employés, l'extirpation complète de la
plaie du vagabondage ne pourra jamais être obtenue
si nous ne nous débarrassons pas définitivement de
toute la catégorie de gens sans aveu, vagabonds incorrigibles qui sont la pépinière de nos criminels et
auprès desquels les bienfaits de la charité aussi bien
que les sévérités de l'administration pénitentiaire
n'auront produit aucun résultat.

En résumé, nous concluons à une modification du
Code pénal entraînant l'internement dans une maison
de travail obligatoire pour tout condamné de vagabondage, que ce délit soit seul ou accompagné d'autres délits. Cette dernière clause ne devra surtout
pas être oubliée, car trop de vagabonds commettraient
des vols pour éviter le long internement dans les
maisons de travail. Après plusieurs récidives nous
souhaiterions de voir appliquer la relégation.

Quant à l'emprisonnement cellulaire, dont nous
reconnaissons les avantages, particulièrement celui
qui consiste à préserver d'une promiscuité dangereuse le vagabond qui n'est pas encore complètement
corrompu, qu'on l'applique, comme nous l'avons déjà
dit, là où l'organisation de la prison le permet; mais
qu'on ne fasse pas de lois d'exceptions tendant à
mettre tous les vagabonds en cellules quand des

criminels resteraient dans la prison de régime commun.

D'ailleurs le nombre des cellules nécessaires dans chaque département pour incarcérer tous les vagabonds qui seraient arrêtés à la suite des mesures de police dont nous avons parlé, exigerait des dépenses considérables que les Conseils généraux ne se résoudront pas à voter.

Par exemple, nous pouvons demander que le régime des prisons soit rendu plus rigoureux, que même des quartiers spéciaux avec régime spécial soient affectés aux vagabonds, car il y a assez longtemps que pour un trop grand nombre de vagabonds, nos prisons départementales sont de bonnes hôtelleries.

Nous demandons que ces mesures de répression soient prises le plus rapidement possible, en présence des statistiques nous montrant le mal empirant chaque jour, qu'en tout cas elles précèdent l'établissement complet des moyens préventifs dont nous aurons à parler et qu'avant toutes autres, les mesures de police soient appliquées sans délai.

Il importe, en effet, de faire une première sélection, de donner un premier et salutaire avertissement pour que l'assistance par le travail que nous proposons d'organiser en faveur des vagabonds valides, ne soit pas exploitée par les malandrins qui chercheraient inévitablement à en tirer profit.

CONCLUSIONS

Les questions que nous venons d'étudier ne sont
qu'une partie de celles qui touchent au vagabondage.
Nous nous sommes bornés à traiter surtout de l'assistance par le travail qui n'est pas organisée chez
nous, laissant de côté les questions intéressant la
protection de l'enfance et l'assistance aux invalides.

Telle qu'elle est, notre étude nous conduit cependant à formuler une double conclusion : l'organisation de l'assistance par le travail et la répression
sévère du délit de vagabondage.

1re Conclusion. — Contrairement à l'idée exprimée,
que l'assistance par le travail ne doit être admise que
comme institution de charité privée et non comme
institution d'Etat, départementale et communale
nous estimons qu'il est du devoir de l'Etat d'organiser l'assistance, et qu'il est utopique de penser que
les œuvres privées, même encouragées par les pouvoirs publics, pourront suffire à supprimer ou même
à restreindre un mal qui s'étend sur toute la France.

En conséquence nous demanderons :

1° La consécration du droit à l'assistance;
2° La localisation des secours.

En vertu de ces deux principes : 1° un texte de
loi fixera dans quelle limite les départements et les

communes devront contribuer à l'organisation d'établissements hospitaliers d'assistance par le travail et d'ateliers de charité ; 2° des règlements d'administration publique régleront les conditions d'entretien et de séjour dans ces établissements ; 3° des arrêtés préfectoraux s'inspirant des divers cas particuliers détermineront les travaux les mieux appropriés aux hospitalisés.

2ᵈ Conclusion. — Ces dispositions prises, la société aura le droit d'appliquer les peines les plus sévères à ceux qui refuseront le travail offert ; mais l'histoire nous apprend que les peines les plus cruelles, même les plus barbares, n'ont jamais réussi à vaincre le vagabondage entretenu par la misère et le vice toujours plus fort que les mesures coercitives. Nous avons donc été amené à rechercher des peines qui soient, non seulement sévèrement répressives, mais aussi et surtout moralisatrices, c'est-à-dire tendant à vaincre chez les vagabonds l'aversion du travail.

Le long internement — 2 à 5 ans — dans les maisons de travail forcé nous a paru la meilleure solution. Le même jugement qui condamnera les mendiants et les vagabonds à l'emprisonnement, les enverra à l'expiration de leur peine dans ces maisons de travail.

Pour les récidivistes, une seule mesure à prendre vis-à-vis d'eux peut nous garantir des résultats certains : c'est la relégation. Nous n'avons fait que l'indiquer, dans le cours de notre étude, estimant que des remaniements s'imposent dans le système d'exécution de cette peine pour que, dans la pratique, elle soit rendue applicable sur une vaste échelle.

Vu :   Vu :

Le Doyen.   *Le Président.*

GARSONNET.   BERTHÉLÉMY.

Vu et permis d'imprimer :

Le Vice-Recteur de l'Académie de Paris,

LIARD.

TABLE DES MATIÈRES

CHAPITRE IV

La Répression

www.ingramcontent.com/pod-product-compliance
Lightning Source LLC
Chambersburg PA
CBHW060539210326
41519CB00014B/3273